Epitome of **Military** Science

兵法简述

[古罗马] 雷纳图斯 ◎ 著　　魏止戈 ◎ 译

中国·武汉

图书在版编目(CIP)数据

兵法简述 / (古罗马)雷纳图斯著；魏止戈译. --武汉：华中科技大学出版社，2015.12（2025.3重印）
（战争论丛书）
ISBN 978-7-5680-1416-8

Ⅰ.①兵… Ⅱ.①雷… ②魏… Ⅲ.①兵法－古罗马 Ⅳ.①E895.46

中国版本图书馆CIP数据核字(2015)第284697号

兵法简述
Bingfa Jianshu

［古罗马］ 雷纳图斯 著　魏止戈 译

策划编辑：晋璧东
责任编辑：沈剑锋　康　艳
封面设计：金刚创意
责任校对：李　琴
责任监印：朱　玢

出版发行：华中科技大学出版社（中国·武汉）　　电话：（027）81321913
　　　　　武汉市东湖新技术开发区华工科技园　　邮编：430223
印　　刷：湖北新华印务有限公司
开　　本：880mm×1230mm　　1/32
印　　张：4.625
字　　数：108千字
版　　次：2025年3月第1版第12次印刷
定　　价：20.00元

本书若有印装质量问题，请向出版社营销中心调换
全国免费服务热线：400-6679-118 竭诚为您服务
版权所有　侵权必究

我们的战争观：不好战！不畏战！决战必胜！
——写在战争论丛书出版之际

马克思曾说，战争是推动人类文明前行的火车头。他形象地指出了，战争机器如同推土机一般，碾过历史的血肉之躯，于荆棘中开疆拓土，前行的轨道上沾满血腥。生命在战争面前是那么地脆弱。残忍，是战争诞生以来形成的秉性。战争同暴力几乎就是一对同义词，暴力是战争的本质属性，这也是马克思主义的战争观。即使进入现代战争模式之中，诸如贸易战、金融战、外交战、黑客战、网络战、病毒战、舆论战等，战争的本质仍然是残酷的，充满暴力的。所以，我们认为，所谓的"武器仁慈化""战争非暴力化""战争泛化"等观点是不妥当的。因为，当前形势下，战争将无时不在，无处不在。身为中华民族的一分子，必须时刻对各种战争形态保持高度警惕，因为战争的根本法则，依然是保存自己、消灭敌人！

正因为战争的本质是残忍的，同时它又是人类历史发展进程中的常态现象，所以，对于战争的看法，自古以来就分为多种复杂的看法。比如，西方军事理论家克劳塞维茨在《战争论》中写道：战争是强迫敌人服从我们意志的一种暴力行为。德意志帝国铁血宰相俾斯麦认为，其所处的时代的重大问题不是靠演说和决议所能解决的，这些问题只有靠铁和血才能解决。战争理论家伯恩哈迪认为，战争是人类生活中一种具有头等重要意义的生物法则，它是人类社会中不可缺少的起调节作用的东西。无疑，这几位西方军事大师，对战争都是笑脸相迎的。

与其相反的，是反对战争的人们。比如，古罗马时代的军事家、历史学家李维认为，对那些需要战争的人来说，战争是正义的；对那些失去一切希望的人来说，战争是合理的。曾经以炮舰政策横行世界、身经百战、建立起日不落帝国的英国，却对于战争有着这样的民间谚语：战争一开始，地狱便打开。而作为东方文明古国，中国经历了无数次的烽火狼烟，更深刻地体会到战争的血腥与残酷，所以，我们的老祖宗谆谆教导中华儿女："师之所处，荆棘生焉。大军之后，必有凶年""夫兵犹火也，不戢将自焚""皇帝动刀枪，百姓遭了殃"。2015年11月7日习近平主席在新加坡国立大学的演讲更是鲜明地指出："中国自古倡导'强不执弱，富不侮贫'，深知'国虽大，好战必亡'的道理。"

我们认为，天下虽安，但忘战必危；虽然冷战结束了，但战争的硝烟一刻未熄。我们必须要有备才能无患。围绕"战争"，我们需要明白如下几个道理：

战争的首要目的是和平。战争只是一种手段，战争的最高境界就是"不战而屈人之兵"。对于一次战役（战斗）来说，战争的目的是消灭敌人、保存自己。而从整体的、纵向的角度来说，战争除了在历史上扮演着王朝更替的催化剂、助产士这类角色之外,推动人类社会发展进步的战争,归根结底其目的应该是和平。正如亚里士多德所说,战争的目的必须是和平。这样的战争才是正义的。然而,存在着繁杂利益纠葛的人类社会要想取得和平并不是简单、无代价的,因为"你想和平,就要准备战争"(韦格蒂乌斯)、"只有胜利者,才能用战争去换取和平"(萨卢斯提乌斯)。对于我们中国来说,构建强大的、现代化的军队是维护世界和平的重要战略支撑力量。

战争需要理性对待:不好战。 正由于战争是洪水猛兽,因此需要高超的驾驭能力。只有驾驭得好,才能避免引火自焚。在能够避免战争爆发的情况下,应尽一切努力化解矛盾与纠纷。所谓"上兵者伐谋""不战而屈人之兵"。在具体的战场(战役)指挥中,总司令最重要的品质是头脑冷静,尤其是在国际风云变幻莫测的复杂背景下,如何理性地对待战争,如何理性地在战争与和平之间做出选择,考验着每一个中国人的智慧。总之,当我们被愤怒"操纵"的时候,当我们希望通过战争这一手段,快刀斩乱麻地解决麻烦与纠纷的时候,我们需要对战争持有一颗理性、冷静的心,并记住:叫喊战争的人是魔鬼的参谋;狂热者的脑袋里没有理智的地盘。我们更要懂得著名诗人贺拉斯的一句反战名言背后的意味:所有的母亲都憎恨战争!而历史已经反复告诉世界:中国人不好战!

战争需要一种勇气:不畏战。 无论是冷兵器时代还是高科技战争时代,战争都是残忍的,需要付出的是生命的代价。因此,战争机器不能轻易启动。不过,不好战不代表完全拒绝战争、排斥战争、畏惧战争。在世界丛林的游戏法则中,一个民族一个国家,要想生存发展,保持必要的用于自卫的强大武装力量是必要的，更是必需的。1840年鸦片战争以来，西方以炮舰政策强加在中华民族头上的羞辱与屠杀的历史教训告诉我们，只有自身强大、手握撒手锏，才能避免被杀戮、羞辱的命运。民族、国家的尊严，是构建在必要的武力基础上的，尤其是当关系到我们的国家主权和民族尊严、关系到我们的核心利益时，战争是必需的。历史事实已经多次郑重地告诉世界：中国人不好战，更不畏战！

战争需要一种理智：英勇善战。人们若想取得战争的胜利，就必须认识战争的客观规律，将其抽象为战略战术，在客观条件许可范围内，运用从客观中抽象出来的战略战术指导战争，战争是智者的博弈。毛主席说："指导战争的人们不能超越客观条件许可的限度期求战争的胜利，然而可以而且必须在客观条件的限度之内，能动地争取战争的胜利""指挥员在战争的大海中游泳，他们不使自己沉没，而要使自己决定地有步骤地到达彼岸。指导战争的规律，就是战争的游泳术。"

战争需要一种凝聚力：忠于祖国。作战需要彼此配合，在战场上尤其是在特殊的环境下，危险会来自四面八方。所以，只有铸造一种团结一致、统一对外的团队精神，才能帮助每一个作战中的人防范、消除时刻出现的危险。无数的事实已经证明，每一支英勇善战的部队，每一支特种作战部队，要想克敌制胜，必须是铁板一块！法军统帅拿破仑说过，统一指挥是战争的第一要事，也是产生凝聚力不可缺少的要素。那么，凝聚力来自哪里？对于中国军人来说，首先来自听党指挥、忠于祖国、忠于人民这一神圣的最高宗旨，来自共同的保家卫国的誓言，来自全心全意为人民服务的社会主义核心价值观，来自不怕苦不怕累不怕牺牲、做忠诚可靠的人民子弟兵的信念。其次，凝聚力来自科学合理、统一规范的军队制度化建设，来自平时官兵一致、爱兵如子、相亲友爱的军内关系。最后，凝聚力也来自绝对服从、铁的纪律。

战争需要一种自信：会打必胜。战争是一种你死我活的搏斗，所以，保存自己、消灭敌人是战场上的最高法则。对于军人来说，拥有坚韧的必胜的自信心，是一种高贵的品质。当然，自信不是自负，那种不顾实际情况、盲目草率的军事行动，只能归为冒险盲动主义。坚定的必胜信念来自知己知彼、百战不殆。军人的自信心，既要求军队的指挥官养成信赖自己的习惯，即使在最危急的时候，也要相信自己的勇敢与毅力，也要求普通士兵具备想当将军的优秀品质。

战争需要学习。对于中国军人来说，无论是古今中外的战争实例、战争历史、军事著作、谋略经典、军事名家，还是当代他国的军队建设成就、最新武器装备成果，都需要我们秉持古为今用、洋为中用、兼容并包、取长补短的谦虚谨慎、认真仔细的态度，去学习其经验，汲取其教训，最终在掌握精髓、创造创新中超越，并将其转化为自己的真实本领。毛主席曾经教导中国军人，没有文化的军队是愚蠢的。诸如战争论丛书里的蒋百里《国防论》、克劳塞维茨《战争论》、马汉《海权论》《海军战略论》、杜黑《空权论》、若米尼《战争艺术概论》、雷纳图斯《兵法简述》、米切尔《空中国防论》、鲁登道夫《总体战》等，都是我们学习的优秀精神食粮。当然，作为将来要上战场的军人，不仅要重视学习军事理论，更要在平时的摸爬滚打中铸就高素质的作战能力。平时流汗，才能避免战时流血。因此，西谚有云，你有一天将遭遇的灾祸是你某一段时间疏懒的报应。军人需要的就是一种学习、学习、再学习，坚持、坚持、再坚持的韧劲。

战争需要研究。战争既是一门艺术，也是一门科学。作为艺术，战争需要驾驭它的人必须具备高超的领导力与决断力；作为一门科学，需要我们认真对待，通过去伪存真、去粗取精、由表及里、深入浅出地找出其中蕴含的最简单、最明晰、最管用的规律来，以指导实际中的军事行动。通过学习、研究，尤其是打开自己的视野之后，我们会发觉自己的不足之处，从而通过跨越式发展，尽快补足短板，以提升我们的实际战斗力。这套战争论丛书值得我们花费力气熟读一番、好好研究。

战争需要实践。通过对古今中外军事著作、战争实例、战争历史的学习研究，我们所获得的只是理论上的东西。理论知识只有运用于实践，才能知道它的真实价值。正如毛主席强调的，一切学习的目的全在于运用。所以，对于军人来说，除了学习研究古今中外的军事历史、战例与理论之外，更需要通过实战来检验我们手中到底掌握了多少的战争真理与有用的军事方法。一切的战争规划与理论，全在于实际的执行力与效力。因此，想得好是聪明，计划得好更聪明，做得好是最聪明又是最好的。而从国家的角度来说，日常的国防军队建设均在于服务于实战、为实战做准备。俗话说得好，未雨绸缪，养兵千日用兵一时。战争机器不是摆设，更不能是花架子，必须接受实战的检验。另外，战争中蕴含的谋略、道理，也可以作为其他领域决策、管理的参考。

战争需要谋略。伟大的革命导师列宁曾经鲜明地指出，没有不用军事计谋的战争。我国明代文学家、谋略家冯梦龙强调，兵在精而不在多,将在谋而不在勇。正因为如此,古今中外诞生了大批研习战争谋略的大师名家。可以说,蒋百里《国防论》、弗龙蒂努斯《谋略》、杜黑《空权论》、克劳塞维茨《战争论》、若米尼《战争艺术概论》、雷纳图斯《兵法简述》、米切尔《空中国防论》、鲁登道夫《总体战》、马汉《海权论》和《海军战略论》,每一本军事经典都是战争智慧的结晶。作为军人,一定要时刻铭记:永远别以为敌人比你愚蠢!轻视对手的后果是严重的。正确的态度就是毛主席所说的,战略上藐视敌人,战术上重视敌人。拿破仑有句话说得好,世上只有两种力量:利剑和思想。从长而论,利剑总是败在思想手下。

战争需要发展。人类的历史长河是永远向前发展的。从最初的刀耕火种,到自然的田园农业文明,再到欧洲十七八世纪的工业革命,再到十九世纪、二十世纪的电气革命,直到二十一世纪的信息化革命。每一次的生产力跃升都推动着经济的巨大发展,而与武器装备直接相关的生产力的质的进化,更是推动着战争形态的惊天变革。所以,军人必须远比其他人更为敏感地关注世界形势的变化以及涌现出的最新的社会现象与科技成果,使自己具备察天观地、与时俱进的本领,不落伍于时代,才能决胜于千里之外,才能履行好保家卫国的职责。我们认为,与时俱进有两个标准:一是随着时代的发展而发展,二是无论时代怎么发展始终抓住最简单最管用的精髓。军事艺术是一种执行命令的艺术,一切复杂的计谋都应当抛弃掉。简单明了,是执行好军事行动的首要条件。

战争需要实力。战争归根结底是实力的较量,从来都是敌对双方军事、政治、经济、科技、文化、外交等多种因素的综合较量,而不单纯取决于某一种因素。所以,对于我们的国家,需要通过"发展"这一硬道理,来全方位提升我们的经济发展水平和科技质量,全面地加强我们国家的综合实力,为战争提供强大的国家保障力。对于我们的百姓,需要通过各种措施加强国防意识与国家安全意识教育,培育国民的军事素养,建设强大的民兵预备役部队,要藏兵于民。对于我们的军人,广大士兵要通过艰苦的学习、训练,加强自身的单兵作战能力与团队合作作战能力,以及军兵种协同作战能力。对于指挥官,则需要进一步提升自己的军事指挥素质。震惊欧洲的拿破仑说过:一头狮子带领的一群羊,远远胜过一只羊带领的一群狮子。我们的军队需要培育出一批批的狮子老虎,这才是名副其实的威武之师!

谈了这么多与战争有关的话题,那么,新时期的中国军人,还要做些什么呢?首先就是,要牢牢抓住军队政治工作这一生命线。我军自成立以来即高度重视政治工作。1929年12月28日—29日,中国工农红军第四军第九次党代表大会在福建上杭县古田村通过的《中国共产党红军第四军第九次代表大会决议案》(即著名的古田会议决议案),明确指出,红军是"一个执行革命的政治任务的武装集团",必须服从党的领导,自觉担负起宣传、组织、武装群众等任务。古田会议划清了红军与旧式军队的界限,解决了无产阶级革命军队建设的根本性问题。2014年10月30日,新时期的全军政治工作会议在福建上杭县古田召开,习近平主席出席会议并发表重要讲话,提出把理想信念、党性原则、战斗力标准、政治工作威信在全军牢固立起来;抓好铸牢军魂、高中级干部管理、作风建设和反腐败斗争、战斗精神培育、政治工作创新发展五方面工作;加强军事文化建设,从难、从严、从实战要求出发"摔打"部队，培养广大官兵大无畏的英雄气概和英勇顽强的战斗作风，着力培养有灵魂、有本事、有血性、有品德的新一代革命化的"四有"军人。中国军人，任何时候都要牢记"听党指挥、忠于祖国与人民"这一最高宗旨，争当让党和人民放心满意的优秀军人。

其次，要积极做好军事斗争的准备。西方"战神"克劳塞维茨强调，作战的基本原理是，切勿完全处于被动地位。对于一支军队来说，只有时刻以与时俱进、未雨绸缪的精神抓好军事斗争准备，才能避免被动、才能有备而无患。只有时刻准备好，才能令出即行、迅速把握战机，避免陷入被动挨打的泥潭。

再次，紧紧围绕战斗力做文章。衡量一支军队的好坏，关键就看能否打胜仗。拿破仑曾预言，中国是一头睡狮，一旦醒来将震撼世界。但是，没有利爪的狮子只能是摆设。能打胜仗是衡量军队质量的根本标准。没有战斗力，其他都是空谈。

最后，要进一步加强贯彻落实"科技强军""质量建军"战略，进一步高度重视兵民结合的人民战争的战略战术研究与运用，始终牢记并掌握"军民团结如一人，试看天下谁能敌"这一法宝。

在新时期，面对日趋复杂的国际环境，军人的天生敏感性告诉我们——这个世界并不太平。因此，作为中华人民共和国的柱石，中国人民解放军需要进一步地紧紧抓住中国的特殊国情，做好强军的一切工作，需要进一步地牢牢抓住决定战争胜负的各方面的关键性因素，从要害处着手，全面加强军队的改革与建设。如此，才能确保我们这座保家卫国的钢铁长城永不倒塌！

回首过去，我们对战争充满敬畏。我们不轻言战争，我们不惧怕战争，我们只为战争做好准备。业绩造就伟人，战功成就军人。辉煌的中国革命史证明中国人民解放军是一支听党指挥、能打胜仗、作风优良的人民武装力量。

中国军人的勤奋和荣誉，足以鼓舞千秋万代的中国青年。

祝愿一切热爱军事、关心国防、热爱和平的读者朋友，能从包含中外著名军事经典的这套战争论丛书中汲取有益的养分，从无到有、由小到大、从弱到强地培育自己的国防军事素养，形成自己的国防观、战争观，以求在将来或许会发生的某个特殊的时刻履行自己保家卫国的神圣职责。

战争论丛书编委会
2015年10月

目录
CONTENTS

卷一 ·· 1

卷二 ·· 27

卷三 ·· 53

卷四 ·· 105

卷五 ·· 123

卷 一

内容提要

本卷主要论述新兵的募选、训练和操习及兵器等内容。作者雷纳图斯始终认为,军事训练极为重要,必须认真、细致地进行。"对士兵来说,没有任何一种训练课目比作战时无比准确地保持队形更加紧要的了。"他还谈及各种兵器,并认为古罗马士兵必须能熟练使用各种兵器。

在古代，人们有一种习惯，即将潜心研究的东西编纂成书，呈给君主。他们做这项著书立说的工作，除了要祈求上苍的庇佑外，还要获得皇帝的恩宠，否则他们的研究将毫无成就可言。

此外，不管是谁，都不能表现出自己比君主懂得更多更好，因为只有君主才高八斗，才会给臣民带来巨大的福祉。屋大维·奥古斯都和他之后的许多英明君主，都有批阅这种文献资料的习惯。

在统治者的鼓励之下，人们从事研究、崇尚辞令的风气大盛。对于著作者来说，如果他不是因太不谨慎而遭到贬斥，那么他的研究便能够获得统治者的支持。我也深深地受到前辈们的鼓励，并且察觉到，伟大英明的皇帝陛下的胸怀比其他的君主更宽大，陛下并没有因为我的身份比古代那些著作家的身份卑微而弃之不用。

著书立说既不需要典雅的辞藻，也无须刻意于思维的敏锐，只需要勤勤恳恳地劳作即可。所以，我决定将古代人们编著的有关于兵法的各派观点以及杂糅于其中的尚未被今人所了解的内容整理出来，为伟大的罗马帝国服务。

在论述有关新兵的募选和操练时，我尽量按照规定分成几部分来展现古代兵法的风貌。但是，这并不意味着，您，我战无不胜、攻无不克的皇帝陛下，对此抑或不尽了然。有关此书，我希望陛下明察，罗马帝国的缔造者们也非常认真地注视着您现在为罗马帝国所做的一切，我也希望陛下能够因为阅读此书而有所收获。

一、战争的胜利并不完全取决于人多势众，或者说作战勇猛，只有武艺精湛、熟谙兵法、训练有素，才能确保胜利。我认为，罗马人能够征服世界的主要原因是他们有一套独特的军事训练方法，有巧妙安营扎寨的技艺和自身的军事素养。在罗马人和高卢人[1]的战争中，面对拥有人数优势的高卢人，兵微将寡的罗马人表现出非凡的勇气和实力，这其中难道有别的缘由吗？

在罗马人和日耳曼人[2]的战争中，身材矮小的罗马人屡次打败身材高大的日耳曼人，难道罗马人有取胜的诀窍吗？

西班牙人不仅人多势众，而且在膂力方面，强于罗马人，这点是不言而喻的。不管是机智善谋，还是物质财富，阿非利加人都远远超过罗马人。在兵法运用和理论知识方面，罗马人也远远不如希腊人，这也是不能否认的。

---

[1]高卢指广泛分布于欧洲甚至在古罗马时期扩张至安纳托利亚中部的使用高卢语（凯尔特语族的一个分支）的那些人。古罗马时代，高卢人曾经广阔地分布在欧洲，分成了多支，除了住在法国的高卢人，还有一部分居住在意大利北部的平原，其他的高卢人移民到了现在的西班牙一带。

[2]日耳曼人是对一些语言、文化和习俗相近的民族（部落社会）的总称。这些民族从公元前2000年到约公元4世纪生活在欧洲北部和中部。日耳曼人不称自己为日耳曼人。在他们的漫长历史中，他们可能也没有将自己看作是同一个民族。民族大迁徙后，从日耳曼人中演化出斯堪的纳维亚人、英格兰人、弗里斯兰人和德国人，后来这些人又演化出荷兰人、瑞士的德意志人，以及加拿大、美国、澳大利亚和南非的许多白人。在奥地利也有许多日耳曼人后裔。

但是，罗马人总是能够在战争中获得胜利。为什么呢？原因就在于罗马人总是擅长挑选新兵，教他们学会怎样使用兵器，令他们坚持每天锻炼。在锻炼时、在军营生活中，罗马人能够预见到行军和作战时可能发生的情况。此外，罗马人对怠惰者严惩不贷。

深谙军事让人们在战斗中英勇无畏。事实上，一个人只要对自己的事业拥有坚定的信念，那么他就会无所畏惧。同理，在战争中，一支人数较少但训练有素的部队往往更容易摘取胜利的果实，而规模庞大、缺乏训练的乌合之众则往往被击溃。一言以蔽之：严格训练是罗马人业绩辉煌之根本。

二、关于挑选新兵的问题。从根本上讲，首先要做的就是确定从哪些省份、哪些民族中挑选最优秀的青年士兵。每个地方的人都有懒惰者和勤奋者之分。但是，在战争方面，某些种族的人比其他种族更加适合，而且不同地方、不同的气候环境对人的体力和精神力量也有重要的影响。

在这里，我打算介绍一下伟大的学问家们的经典论述。住在离太阳近的地方的人们，他们能够沐浴到阳光，虽然他们天资聪明，但是他们体内的血液往往较少，所以，他们在白刃战中往往缺乏坚毅和顽强精神。他们往往害怕受伤，因为他们深知自己体内的血液较少。

而远离太阳居住的人们，虽然他们不够聪敏，但是他们的血液充沛，精神饱满，生机勃勃，而且喜欢厮杀。所以，在征召新兵时，一定要到这些地方去，要征召那些血液充沛，不怕负伤，甚至视死如归的人来当兵。当然，对于新兵，我们也要确保他们不失理智，因为理智能够让他们在部队生活中保持克制，而且在战斗中帮助他们做出正确的判断。

三、解决了从哪里征召士兵的问题，我们接下来要探讨的是，什么样的新兵更加有用，是农村兵还是城市兵？个人觉得，在这方面早就有了定论：农村兵比城市兵更加适合战争。理由是：农村兵头顶蓝天，脚踩土地，是在劳动中成长起来的，他们能够忍受恶劣的环境，扛得住阳光的暴晒，对于夜间的潮湿不以为意，就算不洗澡他们也能够忍受，他们不知道奢侈为何物；他们心地善良，不好高骛远；他们那强壮的身躯能够承受各种劳动带来的辛劳，农村生活让他们养成操持铁器、挖壕掘沟、肩挑背扛的习惯。

但是，部队的成员来源要多元化。所以，有时候也要征召一些城里人。城市兵一旦参军，部队就要对他们进行严格的训练，让他们学习干活、跑步、负重；让他们在太阳下暴晒，在风尘中训练；让他们习惯粗茶淡饭；让他们习惯于在露天或者简易帐篷里宿营。

学完这些之后，再让他们学习如何使用兵器。在进行远距离行军时，一定要将他们调到边远的兵营去，让他们前去巡逻放哨，让他们远离城市的诱惑，这样才能够提高并加强他们的体力和精神力量。

一个不争的事实是：在罗马建立后，罗马将士几乎都是城市人，但是在建城初期，罗马人并没有被奢华的生活腐蚀。当时，年轻人在野外跑步和操练之后往往汗流浃背，他们就到台伯河里去游泳，洗去汗水。同一个人，既是军人，又是农民，只不过所使用的工具不同罢了。这在当时是司空见惯的事情。众所周知，在人们规劝辛辛纳图斯实行专制独裁时，他还在地里耕种。

我们可以这样说，军队的主力最好由农村兵来充当。至于其中缘由，我无法说清楚，但是现实告诉我：越是没有享受过生活乐趣的人，越是不怕死。

四、现在，我们来谈谈应征入伍的新兵的年龄问题。如果按照古老的传统，那么部队应该在人们发育成熟之前将他们征召入伍。年轻人学习东西，不但速度快，而且掌握得很好。再者，军事上所要求的敏捷和机警的素质，跳跃和奔跑的技能，最好在躯体随着年龄的增长而逐步衰弱前加以培养。

我们所说的机警是指，经过一系列持续的训练后，战士变得刚毅而精力充沛的一种素质。因此，我们一定要征召年轻人来当兵，就像萨卢斯提乌斯[1]所说："年轻人要想在战争中经受一切，就必须在兵营生活的实践中学习军事。"

对于一个在他未达到服兵役的年龄就已经接受了上述训练的青年来说，如果他因此而备感懊恼，那么我要说，这比他为已经过了这个年龄却未受到训练而伤心要好得多。

军事训练要有一定的时间期限。但是，人们要注意的是，掌握武器并非一件不起眼或者十分轻松的事情。倘若你想当一名骑兵，或者步兵射手，或者持盾兵，那你就要认真学习使用各种兵器，以便可以在原地，不打乱队列，不妨碍战友打仗，却能够用大力气将金属矛投向指定的目标。你还要学会挖壕沟，学会灵巧地使用矛，操持盾，能够轻而易举地抵挡敌人投射过来的标枪，能够事先避开袭击，能够勇敢地承受敌人发起的攻击。

---

[1] 萨卢斯提乌斯（前86年—前34年），他的生平事迹很少，是罗马共和时代末期的史学家，他是恺撒的部将。他写史的笔法像古希腊史学家修昔底德，遣词造句讲究，行文绮丽，章法严整，文气厚重。他的书虽读来枯燥，但因重史实，史学价值较高，传世之作有《喀提林叛乱记》与《朱古达战争》。

如果你学会了上述这些本领并运用自如，那么在和任何敌人交战时，你都不会感到恐惧，而会敢于与敌人血战。

五、我们知道，部队对新兵的身高有一定的要求。比如，地处兵阵两翼的骑兵和军团前列大队的步兵，他们的身高起码要达到5英尺10英寸。在当时，由于渴望从军的人很多，就算是城里人，出于公民的责任感和荣誉感也很希望从军，所以挑选新兵的余地较大。如果说，非要对新兵的身体提出什么要求的话，那么与其说当时人们关注新兵的身高问题，倒不如说他们关注的是膂力问题。

六、负责招募新兵的人在挑选兵员时，务必特别关注新兵的脸部表情、眼神、体态，这些一定要符合补充军队所需人员的条件。这一点不仅针对新兵，就是对马和狗也是适用的。有些人对此颇有研究，比如曼图亚的诗人，一般而言，他们有两种不同的类别：一种强些，一眼就能辨明，浑身熠熠发光；另一种惰怠，令人憎厌，挺着鼓鼓的肚腰，丑陋不堪。

我们希望那些决定献身于马尔斯[1]的事业的年轻人有这样的外表：眼神活泼，腰背笔挺，前胸宽厚，肩膀、双手有力，指头较长，腹部恰到好处，下半身较为干瘦，小腿肚和两脚肌肉发达，强壮有力。倘若有新兵具备上述这些特征，那么你应该立即征召他入伍，而不必纠结他的身高问题。要知道，强壮有力的士兵比那种空有大高个子的军人更有用。

七、职业背景问题。接下来，我们要来探讨一下，在挑选军人时，究竟哪些职业的人适合当兵，哪些职业的人不适合当兵。

---

[1] 马尔斯是古罗马人所信奉的战神，古罗马的守护神。

个人认为，以下这些人都不适合当兵：垂钓者、捕鸟人、糖果点心师傅、纺纱织布的，以及所有从事同女人柔情有关的差事的人。我认为，铁匠、制车能手、屠夫、追捕鹿和野猪的猎手应该被征召入伍。

对国家福祉来说，它的命运取决于招募的新兵是否身体强壮，品德是否优秀。罗马帝国的实力，罗马人民的工作、生活和安全全都建立在募兵时认真细致地进行如是筛选的基础之上。

招募新兵不是一件轻松的事情，我们不可能轻率地将这项极为重要的工作交给初出茅庐之辈。在古代，人们非常善于招募新兵，比如塞多留便以擅长募兵著称。

对于守卫行省和决定战争命运的将士们来说，（倘若兵源充足，有挑选余地的话，）一定要出身好和个人德行无可挑剔。荣誉感让军人成为优秀的军人；责任感不允许他们知难而退，而荣誉感会让他们迎难而上，最终成为胜利者。倘若部队招收一大批人，他们在军营中度过很长时间，但一到战场却胆小如鼠，畏敌如虎，那有何裨益可谈？

延长服役的时间，是根本无法弥补招募新兵时犯下的错误的。这一点，无论是从我自身的体验，还是从历史经验中都能得出。最严重的失败几乎都是因为长时间的和平导致招募新兵的工作缺乏应有的认真细致态度，以至于越来越多的优秀军人转而跑到民事岗位任职。有时候，来自大庄园主名下的新兵，因为招募官员的疏忽，以至于被招募之后，他们又再度回到原来主人的身边。因此，在招募新兵时，一定要让高级将领、官员出面，让那些最适合参军的人到军营中来服役。

八、被招募来的新兵不应立即取得军人身份。刚入军营，他们要先接受试练，以检验他们是否真的适合军人这种职业。至于试练，我认为，应当从机敏性和膂力入手，看新兵是否具备使用兵器的能力，以及是否具备作为一名战士所不可或缺的勇敢精神。

从表面上看，好像大多数人很符合这些条件，但是一旦经过试练，许多人却不合格。一定要将那些不适合当兵的人淘汰掉，宁缺毋滥，然后挑选那些身强体壮的人来当兵。要知道，一旦爆发战争，真正起作用的并非军队的数量，而是军人的勇敢精神。

如此一来，在新兵注册入伍后，部队要对他们进行训练，通过日常训练培养他们使用武器的技能。但是，日常训练往往会因为长期的和平环境而松懈下来。怎能让本身不能严守军纪的人去操练新兵呢？

对此，我们要从历史经验或者历史著作中去挖掘古时有关的规则和习俗。不过，只要我们回顾往昔便会发现，古人给我们留下来的著作不过是某些军事事件和战争的结果，跟我们现在迫切需要的东西不沾边，我们所关心的正是他们搁置一边的。

当然，不管是拉西第梦人[1]、阿非利加人，还是希腊人，都编写过许多有关战术原理的书籍。然而，作为罗马人，我们需要有自己的兵法：罗马人将原本极为狭窄的地方扩展成一个庞大的帝国，它的疆域几乎从太阳升起的地方，到达世界的尽头。

这种研究罗马兵法的必要性驱使我遍览很多作家的作品。在这里，我将尽可能准确地将古代著名的监察官加图对兵法的见解描述清楚；在这里，我将介绍大作家科尼利厄斯·塞尔苏斯坚持不懈

---

[1] 斯巴达人的另一种称谓。

地反复阐明的观点；在这里，我将论述勤奋的军事法规的化身和捍卫者帕泰恩的军事观点，我将总结阐述从奥古斯都、图拉真和哈德良的敕令中引申出来的军事观点精髓。在兵法方面，我自知不具威望，但是我所提及的那些伟大人物的见解却是流芳千古的。

在这里，我将用一定的格式来转述它们，也可以说是对它们进行一番论述。

九、新兵实施的第一堂军事训练课应该是走步伐。不管是行军还是在兵阵中，部队首先要注意的是，让全军将士在运动时保持正确的队形，而要做到这点，只能依靠坚持不懈、持之以恒的操练，让全军将士学会既快捷又整齐划一地运动。一支部队如果遭到敌人分割包围，却无法保持严整的队形，那将是极为危险的事情。

一般说来，在夏天，部队行军速度要达到4英里/时，如果加快行军速度，部队的行军速度可达4.8英里/时，超过这个速度，那就是跑步了。

跑步的时间、距离则很难确定。青年军士要特别注重勤练跑步，因为跑步能带来诸多好处：有助于向敌人发起猛烈攻击；必要时可以迅速抢占有利地形，以抢在同样准备这样行动的敌人前面；可以迅速而大胆地前去侦察敌情，并飞快地折返回来；更容易袭击溃退敌人的后军。

军士还要不断地进行跳跃训练，学会轻松地跨越沟壕，翻越任何足以成为障碍的高地。在战场上，一旦出现类似的困难，军士便可以轻松克服。此外，在刀枪如林、箭似飞蝗的战场上，一名战士如果能够以跑步、跃进进行运动，那么他就能杀伤敌人，震慑敌人，并在敌人还没有准备好进行自卫或者反击时沉重打击敌人。萨卢斯提乌斯曾对伟大的格涅乌斯·庞培进行过描述:"他跟机灵鬼比跳跃,跟飞毛腿比跑步,跟大力士比杠铃。"如果不是进行坚持不懈的锻炼,那么他怎么能够打败塞多留[1]呢?

十、一般来说,每个新兵在夏季要学会游泳,因为在战场上,并不是所有的河流上面都有桥梁,部队不管是在撤退中还是在进攻中,都不得不经常泅水渡河。有时候,会因为突然下雨或者遇上积雪融化而出现山洪。在这样的情况下,如果军士不会游泳,他们会让部队陷入险境,要知道,危险不仅来自敌人,也来自这些洪流。

在数不胜数的战争和险情中,罗马人学会了各种各样的作战本领。他们在台伯河畔的马尔斯教场进行训练的目的,就是要让这些年轻人在持械操练之后能够在这条河里洗净身上的汗水和尘土,并通过游泳消除奔跑引起的疲劳。

步兵要接受这样的训练,骑兵也不能例外,不仅骑兵,就连他们的战马,以及随军商贩和被称作加利阿里的辎重差役也必须学会游泳,以便发生情况时不至于因为缺乏经验而惨遭不测。

十一、古人的著作里记录着军事训练的方法。他们像编制篱笆那样将树条做成盾,这种盾比国家规定的普通盾重一倍。此外,部队所训练的剑不是真的剑,而是比剑重一倍的粗木棍。他们不分清晨和午后,都坚持在木制的人形靶前练习刺杀。

---

[1] 苏拉死后,社会各阶层对独裁统治的不满很快就暴露出来了:在罗马,公元前78年的执政官李必达提出废除苏拉宪法,恢复保民官权力的法案;在伊特鲁里亚、在意大利境外各行省都有反抗运动,运动中心在西班牙,其主要领导人是马略派的重要成员塞多留。此人曾任西班牙总督,在那里经营多年,享有很高威望。他在土著居民中组建一支军队,治军极严。公元前77年罗马派庞培前去征讨,结果失败,庞培自己也险些被俘,后因罗马援兵源源不断,庞培又是一名骁勇善战、长于谋略的将领,加之塞氏军内部不稳,庞培这才有了取胜的机会。

利用人形靶进行训练极为重要，不但对军士大有益处，就是角斗士也将受益匪浅。不管是在竞技场上还是在战场上，一个军士如果从来没有在人形靶上下过功夫和学过技艺，那么他绝对不可能成为不可战胜的高手。

每个新兵都要亲自将木制的人形靶扎进地里去，一定要让它笔直地扎在那里，它的高度为6英尺。面对人形靶，新兵要像对待真正的敌人那样，用手里的"篱笆"盾和粗木棍，进行攻击。他们要竭尽所能刺伤人形靶的头和脸，时而攻击其两肋，时而攻击其小腿，尽力砍伤其躯体；一会儿倒退，一会儿跃进，一会儿扑过去，就好像对付真正的敌人一般。

在这个人形靶上，一定要留有新兵所进行的各种攻击训练的痕迹，通过这种训练，新兵一定要掌握各种作战技能。在进行训练时，上级一定要特别注意让新兵在杀伤敌人的同时避免暴露自己身体的任何部位，以免被敌人击伤。

十二、古人练习时特别重视操练刺杀敌人，而不是乱砍一通。对于那些在交战时乱砍乱劈的敌人，罗马人不但能轻而易举地战胜他们，还常常将其作为茶余饭后的谈资。

一味地砍劈，不管你使出多大的力气，都不会致命，因为敌人的重要身体部位往往有护具，而骨骼本身也会起到保护作用。相反，如果掌握了刺杀技巧，那么在刺杀时，你完全可以将剑刺进去起码2英寸，这样足以让对方重伤死亡。当然，我所说的是刺杀其极为重要的部位。

另外，在你砍劈时，你的右手和右肋都呈暴露状态，但是如果你用的是刺杀，你的身体各个部位都是不暴露的，而且能够在对方尚未发觉前将对方刺伤。这也是刺杀在罗马人的交战中被广泛运用的原因。

在平时训练时，让士兵们使用比实际兵器重一倍的"篱笆"盾和粗木棍，而在战时却让士兵们使用重量较轻的武器，这样他们便会觉得轻松，作战时也更加镇定自若，更加精神抖擞。

十三、新兵还应当深入而认真地做好战术演练，这一做法部分保留至今。众所周知，就算在现在的所有作战中，那些擅长排兵布阵的人总是比别人更善战。

由此可知，受过训练的军人往往比没有受过训练的人强，因为懂得战术的人在作战方面总是会超过其同伴。事实上，我们的祖先严格恪守这样的训练制度，对此极为重视，以至于规定，对于学习过使用武器的人要奖励双倍的军饷，那些表现不佳的人则不能得到谷物，而是代之以大麦。如果这些表现不佳的人想要领取谷物，那么他们就必须在军团长、指挥官和高级军官面前完成所要求的训练。

一个国家是否强大、是否幸福、是否光荣的标志是它是否拥有足够数量的能征善战的军人。要知道，不管我们身上穿着多么华丽的衣服，戴着多么璀璨夺目的首饰，都无法让敌人敬畏或者喜爱我们，他们只会害怕我们的武装力量，只有在我们强大的武装力量面前，才会服从我们。

加图说，在别的事情上犯下某种失误，是可以在后面的进程中改正过来的，但是唯独在交战中失败，是无法改变的，因为惩罚会随着失误而来，结局只能是：要么参与作战的人因为怠惰和未经训练而阵亡，要么因为溃败逃窜，进而丧失与胜利者较量的勇气。

十四、新兵在使用粗木棍向人形靶进行刺杀训练时，还要学习像对付真正的敌人那样朝人形靶投矛，这种矛比他们日后真正使用的矛重。这个时候，受训的军士会发现，要想将这种矛投掷出去是要花大力气的。

一个新兵在投掷矛之前一定要看清目标，要学习投中靶子，至少要将矛扔到靶子附近。经过这样的训练后，军士的臂力会增加，他们的投掷经验也会随之增加。

十五、对于在招募时被认为最适合当弓箭手的第三等级和第四等级的年轻新兵[1]，一定要让他们使用竞赛用的木制弓箭操练射靶技术。

为此，部队要提拔精干的专职教员前去培养弓箭手，帮助他们掌握射击技巧，教他们怎样正确地执弓，怎样用力地开弓，以求左手保持平稳，右手按规范拉弦，同时能够将视线和意念集中在射杀的对象身上。总而言之，不管是骑射还是步射，都要让他们学会百发百中的真本领。当然，要想达到这样的程度，一定要刻苦训练，持之以恒。

在交战中，优秀的弓箭手究竟能发挥多大的作用？对此，加图如是说：克劳狄乌斯[2]组建了庞大的弓箭手部队，对他们进行严格训练，并依靠他们打败了比自己强大的敌人。努曼迪亚人一

---

[1] 按塞尔维乌斯·图利乌斯的军事改革，军事组织和财产等级密切相关。第一等级应提供98个百人队，其中18个骑兵百人队，80个重装步兵百人队；第二、三、四等级各出20个步兵百人队；第五等级出30个轻装步兵百人队。不同等级的百人队的人数是不相等的。凡17—60岁（一说17—46岁）的有产公民，皆有自备武装和给养服役的权利和义务。装备随财产等级而有所差别。比如第一等级的公民备有头盔、胸甲、胫甲、圆盾、短剑和长枪等全套武装，以下等级依次减少。第三、四等级公民备有弓箭和矛，因而适合当弓箭手和投矛手。

[2] 有人认为，这人是在第二次布匿战争中因攻克卡普阿而名噪一时的执政官阿庇乌斯·克劳狄乌斯。也有人认为是268—270年在位的古罗马皇帝克劳狄二世，并认为这里的敌人指高卢人。

度迫使罗马军队屈辱地从牛轭下钻过,而在发生于公元前2世纪的朱古达战争中,西庇阿[1]在战前就认为,只有每个百人队都配置一部分经过选拔的弓箭手才能击败对方,否则难以战胜敌人。

十六、还要尽量训练年轻人,教他们投掷石块,用手投或借助投石带。据说,是巴利阿里群岛的居民首先发明投石带的。该岛居民要认真练习投石本领。倘若他们无法使用投石带用指定的石块击中目标,那么他们便无法得到食物。

在战场上,对付头戴头盔、身披铠甲的战士就要用投石带或投射器投掷大石块,这些石块比箭矢重,虽然这些巨石只能伤到身体的某个部位,但是它们却能够在不见大量出血的情况下使敌人死亡。

我们都知道,在古代的战争中,投石手每战都是必参加的。每个新兵都必须通过单独训练学会这项本领,因为多带一条投石带根本不会增加士兵的负担。有时候,战场刚好在满是石头的地区;有时候,士兵们要守住山头或者一块丘阜;有时候需要用石块或投石带打退包围城堡或城池的蛮族人。

十七、一定要教年轻的新兵学会怎样使用一种叫作马蒂奥巴布利[2]的铅球。古代的伊利里亚有两个各由6000人组成的军团,由于他们擅长且力大无比地使用这种投掷器具,所以,人们称之为马蒂奥巴布利。

大家对这两个军团极为了解,他们参加过众多的战争,战绩辉煌。也因为他们战果累累,戴克里先和马克西米安称帝后便给

---

〔1〕古罗马名将。
〔2〕意即大力神投手。

他们封号：一个军团被命名为朱比特军团，另一个军团则被封为赫拉克勒斯军团。在两位皇帝心目中，这两个军团极为重要，其享受的待遇也更好。

他们的盾牌上都带有5颗这种马蒂奥巴布利铅球。只要这些士兵在适当的时候抛掷这些铅球，那么持盾兵（重装兵）就能履行弓箭手的职责。他们会在白刃战之前，甚至能在标枪和箭镞飞抵之前重创敌军。

十八、不仅新兵要接受训练，就是基干人员也要不断加强马术训练。很明显，虽然这种训练在现在不太受重视，但是依旧保留着。通常情况下，先架置一些木马（"鞍马"），如果是冬天，还要搭上个棚了，夏天就直接露天训练。刚开始，年轻的士兵只能徒手练骑术，熟悉骑马技巧。紧接着，他们接受持械训练。训练时，军官一定要注意让新兵手持马刀或者长矛从左右两侧上下马。在和平时期进行坚持不懈的锻炼就是为了让将士们在战争爆发时能够熟练地上马作战。

十九、一定要让新兵在负重60磅[1]的情况下进行行军训练。之所以让士兵们在艰难的路途中负重行军，是因为在战时，他们极有可能要随身既携带粮秣，又携带武器。

只有在平时养成良好的习惯，战时他们才有可能不会顾虑太多的困难。在作战前，持之以恒的训练可以让很多难事变得轻松、容易，古代的军士就是这样的。这一点我们可以从维吉尔的作品《牧歌》中得到证明，他写道：罗马人酷爱自己的武器，任重而道远；他们会突然出现在敌人面前，队伍齐整，营垒森严。

---

[1] 一磅约等于0.45千克。

二十、接下来，我们要来说说，新兵该通过操练掌握什么武器，或者说，要给部队装备什么武器。在这方面，古书的记录极少。在这里，我说的是，虽然骑兵的装备因为仿照哥特人以及阿兰骑兵和匈奴骑兵的模式有所改进，但是我们的步兵的防护装备却全然不见踪影。从建立城邦之初到格拉提安皇帝统治时期，步兵一直是戴头盔、披铠甲。不过，随着懒惰之风的盛行和贪图安逸之风的滋长，部队的野外训练中止了，而有些士兵甚至认为装备太过笨重，于是士兵们便很少穿戴护甲、携带武器。

后来，有人就向皇帝提出建议，士兵不用穿铠甲。再后来，他们又提出士兵不戴头盔的要求。但是，在罗马人和哥特人的战争中，问题出现了。由于罗马士兵没有护甲装备，身体重要部位和头部没有防护，他们的伤亡极为惨重，敌人那如雨般的箭镞夺走了许多罗马人的生命。

但是，遭遇了如此惨败，众多城池被攻陷，依旧没有人关心护甲装备的问题，没人关心步兵是否要重新穿戴盔甲作战的问题。

在战场上，一支部队布好阵势了，但是军士们却没有任何防护器具，完全处在敌人的攻击之下，不一会儿就遭到攻击。这个时候，军士们脑袋里所想的与其说是如何作战的问题，倒不如说是如何逃跑保命的问题。

事实上，身上无铠甲、头上没有头盔的步兵弓箭手，他们使用弓箭却没有办法持盾，那么他们该如何来保护自己呢？至于龙标手[1]和旗手，如果他们手执标杆和旗杆，可是胸前和头上全

---

[1] 带有龙的画像的标记是从图拉真时代由安息人那里传入的，后来成了古罗马军队的标志。

无护具,那么他们在战场上能做什么呢?

对那些极少进行训练、很少有基础防护装备的步兵来说,铠甲和头盔太过沉重。

当然,如果他们在和平时期就接受相应的训练,每天随身携带,那么久而久之,他们便能够适应防护装备,不再感觉它们太过沉重。如果他们无法承受携带防护装备的重量,那么他们就会让自己的身体处于毫无保护的状态,进而遭到敌人的攻击,面临被俘或者叛国逃跑的结局,如此一来,岂不是更加悲惨?因此,士兵拒绝接受训练、不愿意吃苦受累的做法事实上是给自己制造任人宰割的险境。

古人之所以认为步兵部队是铜墙铁壁,并不单单因为军团战士手执标枪和盾牌,还因为他们身穿铠甲、头戴头盔。

这样一身护具极其考究:弓箭手的左袖上有护臂,而步兵的持盾手除了要穿铠甲和戴头盔外,还要在右腿的膝盖上佩戴铁制的护膝。在战场上,身处第一排的主力兵、第二排的剑矛兵和第三排后备兵[1]都有全套的防护装具。

---

[1] 公元前5世纪—公元前2世纪古罗马军团作战时用以布阵的3种重装步兵的称谓。主力兵装备有盾、盔、铠甲等全套防护装具,并配有木杆长矛,自公元前107年起改装为铁铸短标枪,由富人出身的、年龄为30—40岁的老练军士组成;公元前5世纪末—公元前4世纪初开始改为部署到第二排,即部署于剑矛兵之后。剑矛兵(亦称枪兵),组成第一排中队的年轻士兵,装备有头盔、皮短上衣、盾,武器有双锋剑式短矛、两把投掷矛,战斗开始时将矛投向敌人,随后突入敌人队伍中用剑矛厮杀。后备兵由40—50岁的公民中最富有经验的军人担当,装备有重矛、重剑以及护身器具,在军团战斗队形中部署在剑矛兵和主力兵之后,即在第三排,后备兵在紧要关头投入战斗,以增强前两线的突击力或阻止敌军的冲击。公元前2世纪,由于装备差异的消失,古罗马步兵的这种剑矛兵、主力兵、后备兵的划分逐渐被废止。

一般情况下，后备兵盘膝而坐，用盾遮护身体，防止被飞来的箭镞和标枪击伤。在必要的时候，比如在休息过后，他们也会采取站立姿势，以便听候命令，以迅雷不及掩耳之势杀向敌人。众所周知，在会战中，这些后备兵往往在剑矛兵和排列于他们之前的军士阵亡后成为主力，夺取战争的胜利。

在古代，部队编制中还有轻装兵的投石手和标枪投手存在。他们主要布阵于部队两翼，战斗也往往从他们这里开始。但是，富有机动性、训练有素的军士也常常朝这里集中。他们人数不多，如果在交战中遭到各种压力被迫后撤，他们通常会在军团的前两列之间实行互救互助，而不至于造成战斗队形混乱。

到目前为止，似乎还存在着这样一种惯例：所有的将士头上都戴着用毛皮缝制的叫作帕农帽的帽子。这种惯例能够延续至今的根源在于，让军人养成头顶某种东西的习惯，但又不至于像头盔那样重，进而影响作战。

步兵部队所使用的投掷标枪是比鲁姆，它有长9英寸的尖尖的三棱矛头。如果标枪穿透盾牌，要把它抽回来是不太可能的，而事实上，标枪是很容易穿透铠甲的。现在，这种标枪已较为罕见。不过，持盾护身的蛮族步兵几乎都有这类标枪，他们将之称为"别布拉"，交战时每人配有2—3支。

此外，我们还要记住，在使用投掷兵器时，一定要保持左脚在前，因为这种姿势有利于投掷。至于我们说的举矛以及手持刀剑进行肉搏，这个时候一定要右脚在前，这样做的目的是，既避免侧面遭到敌人的刺击，不至于让自己受伤，又可以让足以给敌人造成伤害的右手能够更加靠近敌人。

很显然，一定要给新兵配置各种古代兵器和护具。因为，在战斗中，哪一方的士兵的头部和胸部都能够得到有效防护，哪一方就更具勇气，更加无畏，这是人之常情。

二十一、新兵还要学会如何构筑营地：在战争中，几乎没有比这种本事更为重要、更加不可缺少的求生之道了。这是不言而喻的。只要营地构筑规范，军士们就可以安心地待在工事里。就算他们遭到敌人围困，他们也会认为自己处在一座固若金汤的城池中。但是，在今天，这种构筑工事的功夫并没有被人们记住，相反，很久以来，人们都不注重挖堑壕、架栅栏、构筑营地。

所以，就像我们所知道的那样，许多部队要么在白昼，要么在深夜遭到突袭就溃不成军。不仅仅是没有坚固防御工事的军士会遇到这种情况，那些因为某种原因而在战斗中被迫撤退的部队也难以找到藏身之所，他们就像没有力气反击的野兽，四处逃窜，只有在敌人放弃追杀他们时，他们才可能逃过一劫。

二十二、一定要时刻注意选择驻营地址，把营地建在安全地带。如果敌人恰好在距离自己不远的地方，那就更要注意营地位置的选择。此外，一定要注意是否有充足的柴薪、草料和水源。

如果部队要在此长时间停留，一定要考虑气候是否正常的问题。一定要注意，周边不能有山冈或高地，否则，一旦这些山冈或高地被敌人控制，那么己方部队将陷入险境。

还要注意：平时是否会暴发山洪，如果该地经常暴发山洪，那么部队将不得不耗费很多精力去对付它。至于营地的规模，它一定要和部队的人数、辎重相适应，既要防止众多部队拥挤在一个狭窄的空间里，又要防止营房建得过大，造成少数人必须防守很大的面积。

二十三、营地的形状可以选择正方形、三角形、半圆形。这主要根据地形条件来决定。一般情况下，"普里托里"门的营门要朝东开，或者面向敌营驻地。如果部队正在行进中，那么营门应该朝向拔营后继续前进的方向。门后是处在部队前列的几个百人队，即大队的营帐，同时，这里也是龙标手和旗手的驻地。

"普里托里"门正后方是"狄可曼"门，它在营地的另一端，这是专门用来惩治触犯条规的军士时将其押解出营的通道。

二十四、在古代，构筑营地一般有3种形式。如果形势并不紧迫，那么部队最好挖土垒起3英尺高的墙来，如此一来，在墙前，也就是挖土的地方就会有一条壕沟。紧接着，沿着这条壕沟继续深挖，挖成一道宽9英尺、深7英尺的堑壕来。

如果敌人的实力强大，那么首先要花费力气，在营地四周挖堑壕，而且一定要严格遵循兵法的规定，让这条堑壕宽12英尺、深9英尺。其次，一定要在这条堑壕两侧各垒出一条4英尺高的土堤。如此一来，一道宽12英尺的堑壕的高度就能达到13英尺。最后，在堤上打好木桩，所使用的木头一定要坚实，一般情况下，材料往往是由部队负责运送的。

构筑这样的营地，军士们要事先准备好铲子、耙子、筐子以及其他工具。

二十五、在敌人出现在战场之前，构筑营地的事情就比较简单。可是，一旦敌人对我方部队发动攻击，那么我方将不得不把所有的骑兵和一半的步兵派去迎敌，而让其他人在他们后面继续挖掘壕沟，加固营地。

在这样的紧急关头，将领要明确作战命令，哪些百人队是第一批,哪些是第二批,哪些是第三批,然后安排轮岗作业。

部队所驻扎的营地,规模皆划一。其四周有备用的栅栏、壕沟和土墙。

在外部防御工事和营地主要部分之间往往有一个宽达200英尺的空间,作伙房、厕所和其他公共事务之用,同时也作为集会和一旦遭到敌人的攻击能够防御的机动场所。

营门一般由圆木做成,其沉重无比,而且每个营门都有壕沟,构筑城垣。按照惯例,壕沟宽5—12英尺,深3—9英尺;城垣最高、最宽可达10英尺。通常情况下,还有圆木、篱笆和柴捆等加固。有时候,在城角处和顺着营地边沿会建立城楼,以便观察壕沟内外的情况。

在构筑营地期间,百人队长们要观察挖好的壕沟,量好宽度和深度,对那些工作不卖力、草率马虎的人进行严惩。一定要教会新兵如何构筑营地,在必要时他们能够迅速而认真地按照要求构筑营地。

二十六、在会战中,最重要的事情是,战士通过坚持不懈的训练能够保持严整的战斗队形,以及一旦队形遭到破坏,任何部门都不会出现拥挤成堆或者兵员稀缺的情况。如果战士拥挤成一堆,就会失去进行交战所需要的空间,从而给己方造成阻碍;而如果兵员出现稀疏的情况,敌人便会趁机插入接合部,对我方部队实施突破。如此一来,整个兵阵会因为恐惧而陷入混乱之中。因为敌人一旦冲破我方部队的兵阵,就会出现在部队的后方。

所以,在平时,要将新兵派到野外去,按照花名册让他们布阵。刚开始,队伍可以进行简单的布阵,排成一条线,但要尽量拉开，不要出现弯曲和圆角，让军士间保持规定的距离。

熟练列线阵后，要让他们进行将队伍转成两行的训练，即让他们在运动中保持编就的队形。接着，要教他们学会迅速地布成正方形队形（方阵），紧接着变成三角形，也叫楔形队形。通常情况下，这种布阵在战争中可以带来很大的好处。

军士还要学会布成圆形（环形）队形，这种阵形极为重要。在敌军突破我军兵阵时，训练有素的军士往往能够抵挡敌军的进攻，不会导致部队溃散、一败涂地的情况。

如果年轻的军士能够在和平时期进行艰苦的训练并掌握好这一切，那么他们在作战时就能够比较容易保持严整的战斗队形。

二十七、此外，我从古代军事著作中发现，古人还保留并依然遵奉着奥古斯都和哈德良的圣谕：不管是骑兵，还是步兵，每月必须进行3次拉练。我们在这里所说的拉练是指一种训练的方式。

按照规定，步兵必须全副武装，手持标枪，行军10英里，再返回营地，在行军途中他们还要快跑一段距离。骑兵，不管是拆分成骑兵小分队，还是整体全副武装，都要进行类似的训练。此外，他们还要进行骑术训练，有时要练习后撤，随后绕骑一圈，再准备进攻。这种训练不但要在平坦的道路上进行，而且步兵、骑兵两个兵种还要经常到崎岖的山地和起伏不平的地形上演练，以便部队在交战时不至于遇到在平时训练中未曾训练过的任何地形。

二十八、啊！战无不胜、攻无不克的皇帝陛下，我对您满怀忠心和虔诚。我将很多作家在他们的著作中所阐述的整军经武问题的全部精髓都放在了这部篇幅有限的卷本中，目的是让那些负责募选和训练新兵工作的人可以轻松地加强部队的实力,并让部队具备古代部队的英勇气概。在人们的心目中,战神马尔斯的战斗热忱并没有完全泯灭,他的光辉依旧照耀着大片土地。

这片土地滋养着拉西第梦人、阿非利加人、马尔西人、萨谟奈人、佩利尼人和罗马人。

曾几何时,伊庇鲁斯的人民难道不是最强大的军事奇才吗?马其顿人和色萨利人打败波斯人后,不是用武器为自己开辟了抵达印度的道路吗?至于达西亚人、莫西亚人、色雷斯人,他们能征善战早就为人所知。这些故事还证明:战神马尔斯本身就出自他们之中。

倘若我要逐一说明每个行省各自的兵力状况,那么我就有说不完的话,因为现在所有行省都在罗马帝国统治之下。不过,长期的和平让很多人沉迷于享乐,让很多人喜欢做民政事务而不愿意做军事方面的事情。这样一来,部队的训练问题在一开始就得不到重视,随着时间的推移,训练就逐步松懈下来,最终被荒废。这难道还用详细论述吗?

事实上,这些都是微不足道的,类似的情况就曾在历史上上演过。比如,在第一次布匿战争之后,罗马帝国享受了20年的和平,因为这种和平,许多人贪图安逸,无视军事训练,进而使罗马的实力遭到极大的削弱。

在这之前,罗马帝国一路风光,无往而不胜。但是,在第二次布匿战争中,罗马军队远不是汉尼拔的对手。罗马军人在丧失了许多执政官和军事将领之后,在丧失了许多军队之后,才恍然大悟,他们才知道军事实践极为重要,军事训练极为重要。在进行军事训练之后,罗马人又开始夺回战场的主动权,又开始打胜仗了。

因此，一定要时时刻刻重视募选和训练新兵的工作。众所周知，教会自己人掌握武器的本领总是比出钱雇用别国的士兵更为便宜吧。

内容提要

在卷二中，雷纳图斯谈到了军团的编成和军官，谈到古代的晋升制度和军团会战时的布阵。雷纳图斯认为，军团之所以能够取得辉煌的战绩，是因为它拥有武器装备和机械设施，以及士兵浴血奋战、不惧牺牲。

在当时，一个军团大概配置55架弩炮（一种投掷机械），用以抛射标枪；10台由公牛拖拉的石弩（一种机械投石器），用以投掷石块。

每个军团都装备有架桥器材，有许多"用长长的绳索或链条串接在一起的独木舟"。此外，"不管需要怎样的勤务，营地都有力量和条件建成一座坚固设防的城堡"。培养工匠的工作也就是为履行现在由军队中各种勤务部门履行的一切职责做好准备。

陛下深谙古人所写的有关军事教令的细节，深察其情，所以运用起来非常得心应手。这点，我们从接连不断的胜利和凯旋中得到很好的证明。毫无疑问，事业的成功是无可争辩的技高一筹的最好证明。

但是，从容镇定、攻无不克、战无不胜的皇帝陛下，虽然您所创造的功业远超古人，但是您仍然要保持那种虚怀若谷的气度，竭尽全力从繁杂的古代典籍中探求实例和材料。也基于这点，我决定将本卷所要论述的问题向您呈递，我认为这不是说教，而只是如实地禀报情况罢了。我对您的无限的敬意让我寝食难安，惶恐不已。您作为主宰和领袖，所有蛮族的征服者，在不遗余力地探索整军经武的学理和方法方面，没有人能比过您了！或者说，陛下您颁发一道圣旨，让大家根据您业已取得的伟大功绩来撰写史书，难道不是更好吗？

但是，从另外一方面讲，在我看来，违抗伟大的皇帝的旨意，有负皇帝的委托，简直就是犯罪，理应受到惩罚。如果我拒绝这项伟大的事业，那恐怕是极为不恭敬的举动。因此，我服从了。

陛下您的宽容大量给了我无限的勇气去从事这一项颇具冒险性的事业。事实上，作为您的忠诚的仆人，我早就把有关募选和训练新兵的小书呈递给您了，所以，我认为我是不应遭到责难的。现在，既然我兢兢业业地工作不会遭到惩罚，那么我就可以安心地奉旨行事。

一、军队建制。军队分为三大部分：骑兵、水军和步兵。我们之所以将骑兵称为侧翼，是因为它就像飞鸟的双翼从左右两面掩护着兵阵。现在，人们依然称它为"执旗队"，因为骑兵们往往挥舞着旗帜，当然也有人将这种旗帜称为"火舌"[1]。此外，还有一种骑兵，它因为隶属军团编制而叫军团骑队，比如穿戴护腿的所谓骑士队就是军团骑队的一部分。

水军由两部分组成：一部分船叫作利布尔纳，一部分叫作武装帆船（巡洋用）。

步兵也分成两类：辅助部队和军团。辅助部队一般来源于具有联盟关系或者条约关系的部落。罗马人所独有的那种英勇无畏的精神一般而且主要体现在正规军团上。"军团"一词源于选拔，它的含义本身就要求将士必须具备忠诚和勤奋的品德。通常进入辅助部队的人员较少，而被军团招募的人较多。

骑兵、水军和步兵的任务不同：骑兵守卫平原；水军保卫海洋和江河；步兵坚守高地、城市、平坦地区和悬崖峭壁。由此可见，步兵是国家最为需要的兵种，理由有二：它所驻守的地域最为广大；庞大的队伍[2]所消耗的东西最少。

二、军团与辅助部队。不管是马其顿人、希腊人，还是达达尼人，他们都有排方阵的习惯，每个方阵一般配置8000名武装军

---

[1]小旗。

[2]队伍，这个名称的由来源于其自身的基本作业，即队列训练，这可使它永远不会忘记为何以这一名称来称谓的要义。

士。在交战中,高卢人、克尔特伊比利亚人,乃至大多数蛮族人的每个方阵一般也有6000名武装军士。罗马军团则往往有6000名战士,有时候则更多。

现在,我将按照自己的观点来阐述军团和辅助部队二者之间的区别。辅助部队,他们来自不同的地方,部队编制不一样,且之前没有接受过正规训练,训练方式不一样,彼此不熟悉,生活习俗也各不相同,他们的作战方法不一样,使用的武器也不尽相同。

如果说,在交战前,一起上阵杀敌的各个战斗部队之间差异很大,那么想要获得胜利便是一件困难的事情。此外,作战中,全军将士的运动和队列往往要统一接受最高指挥官的统率,如果说这支庞大军队的各个部队并未在一起并肩生活过、默契地配合过,那么想要保证整支部队协调一致地执行最高统帅的命令则是非常困难的。

但是,面对这样一支队伍,我们并不是什么也做不了。相反,只要我们对他们进行集体训练,每天用各种课目进行强化训练,不出一年,这支部队的战斗力便会得到明显的提高。

在作战中,辅助部队常常是作为轻装兵,配属于军团的战斗队列。在战场上,与其说它的作用是配合,倒不如说它是一支快速支援力量。

跟辅助部队相比,军团则大不相同。它下辖若干个重装的全建制大队,有主力兵、剑矛兵、后备兵,以及类似于轻步兵的先头部队,即有标枪投手、弓箭手、投石手、弩炮手。此外,它还有属于自己编制的军团骑兵。

这些部队平时生活在一起,团结友爱,执行相同的命令,步调一致,构筑营房,操练兵阵,对敌发动攻击,他们是统一的整体,无须外部的其他支援。这样的军团经常能够打败敌人。

伟大的罗马帝国就是活生生的例子。它凭借这些骁勇善战的军团南征北战，击败数不胜数的敌人。这些敌人有些是伟大罗马帝国选定的，有些则是因为形势问题而产生的。

三、军团衰落的原因。首先，现在，我们仍将一些部队称作军团，但是由于当代人对古代人的轻蔑，军团的实力已经衰落。在古代，将士获得奖赏是因为骁勇善战，可是现在将士获得奖赏却是因为耍阴谋，施诡计；在古代，将士获得升迁都是因为他们能够吃苦耐劳，奋勇杀敌，可是现在却是徇私情。其次，兵员人数减少。统帅的侍从们服役期满后，军团往往按照惯例颁发服役证书，让他们回家，而留下的空缺却不再安排他人。有些人因为年纪、身体原因而不适合服役，理应退役，另外一些人则因为开小差或者因为遭遇偶然事故而丧命。如此一来，不用说每个月，就是每年，军团也没有多少新鲜血液的注入。所以，无论之前的部队多么人多势众，它的兵员已经开始萎缩了。最后，军团人数越来越少的原因还可能另有缘由，即军团所担任的任务繁重，武器沉重，纪律严明。我们发现，军团中的很多人争先恐后地往辅助部队钻，原因是，辅助部队的任务较轻，而获得奖赏的机会却更多。

著名的老加图[1]，作为军人，他在战斗中奋勇直前，屡战屡胜。担任执政官期间，他经常统率部队征战。他认为，只有撰

---

[1] 马尔库斯·波尔基乌斯·加图（前234年—前149年），通称为老加图或监察官加图，以与其曾孙小加图区别，他是罗马共和国时期的政治家、国务活动家、演说家，公元前195年的执政官。老加图在拉丁文学的发展方面也有重大影响。他是第一个使用拉丁语撰写历史著作的古罗马人，也是第一个值得一提的拉丁语散文作者。在他之前，古罗马主要的文学语言是希腊语。

写一部兵书,才算得上是为国家谋求更大的福祉。理由是,骁勇善战只能在一代人的心目中留下记忆,但是如果能够撰写一部为国家造福的著作来,那么便能青史留名。后来,很多人都效仿老加图,著书立说,尤其是弗龙蒂努斯[1],他的军事著作备受圣明图拉真[2]嘉许。在提及这些伟大的人物时,对于他们的教诲和训示,我一定尽力表述简明、准确。

维持一支军队所需要的费用,并不会因为你是竭尽全力,还是怠惰疏懒而减少。至高无上的奥古斯都皇帝[3],如果因为您的旨意而使整军经武的强固秩序得以中兴,使您的先于的瑕疵得以消除,那么您的功业不仅有助于当代,还会对未来的时代产生

---

〔1〕塞克斯图斯·尤利乌斯·弗龙蒂努斯(35年—约103年),古罗马政治家和军事理论家。先后担任罗马城执政官、不列颠行省总督、亚细亚行省总督等职。他一生军事著述颇多,但其中绝大部分均已散佚,留传至今的仅存《谋略》(又译《谋略例说》)一书。有关他的生平细节,历史少有记载。公元70年,弗龙蒂努斯任市行政长官。后来曾三度被推举为执政官。

〔2〕图拉真,全名马尔库斯·乌尔皮乌斯·涅尔瓦·图拉真努斯(53年—117年),古代罗马帝国安敦尼王朝第二任皇帝,98年至117年在位。五贤帝中的第二位。图拉真在位期间,对内巩固了经济和社会制度,对外发动战争,将罗马帝国的疆域扩张到历史上最大范围。由于其功绩卓著,获得了罗马元老院赠予的"最佳元首"称号。

〔3〕"奥古斯都"一词原有宗教含义,意为"诸神推崇之人",后成为罗马帝国元首和皇帝的称号。这里的"奥古斯都"是指本书呈献的那位皇帝。公元284年戴克里先登上皇位,改元首制为"多米那特制"(即君主制)。他让马克西米安主管帝国西部,驻意大利北部的米兰;他本人则主管帝国东部,坐镇小亚细亚的尼科美底亚(今土耳其的伊兹米特),两人均称"奥古斯都"。293年两位共治者各任命一名助手,称为"恺撒"(副帝),分别治理部分地区。这就形成了"四帝共治制"。同时规定,"奥古斯都"在20年任期届满后交卸职权,让位于"恺撒";两位"奥古斯都"将其属下的"恺撒"收为养子,并将女儿嫁给"恺撒",以期用血缘婚姻关系保持世袭统治,防止篡位和宫廷政变。这种多帝同朝共治的制度延续了很久。

巨大的影响。

四、几乎所有的史学家都这样认为：在出征讨伐敌人时，不管敌人的兵力有多少，每位执政官所统率的部队往往不超过2个军团，最多配属若干盟邦的辅助部队。这是军团训练有素的反映，也是他们对自己充满信心的表现。他们认为，用2个军团来应对一场战争足够了。

对此，我将按照军事规范来叙述古时军团的编成。由于这个题目本身难度很大，不好叙述，所以，如果我的叙述略显晦涩难懂或者写得不流畅，那么我也不应当受到责难。

对于这一篇，陛下您应当反复阅读，认真细致地阅读，以便全面掌握，了然于心。毫无疑问，但凡深谙军事、精通兵法的皇帝，能够让他的军队不管多寡都骁勇善战，那么他的国家一定会成为最为强大的国家。

五、军团的编成。依照古代的兵法，只要我们从国民中精选既富勇敢精神，又有强健体魄的年轻的新兵，并让他们天天训练，坚持4个月或者更长时间，那么他们就可以谨遵皇帝的旨意，在至高无上的皇帝的领导下建立起军团来。一旦士兵们的皮肤上烙上无法去除的标志，那么就可以将他们登记在册，紧接着让他们庄严地宣誓：以神、基督和圣灵的名义，以皇帝陛下的名义起誓，陛下是除神之外，人类尤其应当尊重和崇敬的对象。

一旦陛下接受"奥古斯都"的称号，他便成为尽善尽美、体现神的意志的代表，他的臣民就要对他顶礼膜拜，就要付出一切为陛下服务。不管是劳苦大众还是将士，只要他们深信，皇帝是按照神的意志来统治的，他们就会虔诚地像为神服务一样地服务于他。如此一来，将士们就会付出一切去做皇帝交给他们的一切事情,并始终坚守岗位,为了罗马帝国的利益而置生死于度外。

六、一个军团有10个大队。在人员数额和素质上,第一大队都应当是最优秀的。参加这个大队的男性,不管是出身还是受教育程度方面都是首屈一指的。这个大队荣持鹰帜[1],是帝王形象的纪念标志,即真正的神圣的军旗。

这个大队由1150名步兵和132名穿着铠甲的骑兵组成,向来有"千人大队"之称。它是整个军团的核心力量,在需要投入战斗时,布阵就从它开始。

第二大队由555名步兵和66名骑兵组成,称为"五百人大队"。

第三大队也由555名步兵和66名骑兵组成,这个大队的成员往往特别抢手,因为他们被部署在兵阵正中央,位置极为重要。

第四大队由555名步兵和66名骑兵组成。

第五大队也由555名步兵和66名骑兵组成,编入该队的成员也是坚定强壮的军士,和部署在右翼的第一大队相对应,位于左翼。这五个大队构成第一排。

第六大队由步兵555名和骑兵66名组成,编入该大队的年轻的新兵应是精锐力量,因为在第二排里它的位置就在鹰帜和帝王头像旗的后面。

第七大队由555名步兵和66名骑兵组成。

第八大队由555名步兵和66名骑兵组成,它的成员也是无畏勇士,因为在第二排里第八大队位居中央。

第九大队由555名步兵和62名骑兵组成。

---

[1] 这是罗马军团的主要旗帜,同时也是整个军团的军旗。

第十大队由555名步兵和62名骑兵组成，通常该大队也由优秀战士编成，因为在第二排里它部署在左翼。

整个军团由上述的10个大队组成，总人数为：步兵6145名，骑兵718名。在一个军团里不会出现少于这个人数的情况。有时，如果有命令建立不止1个千人大队的话，那么征募的人数则会远远超过这个数。

七、谈完了古时的军团编成，我将依据现行的官阶来谈谈主要的武职人员的称谓和他们的职位问题。我所使用的都是他们自身的名称，以"主力兵"（的高级军官）为主。

一级保民官，由皇帝选定，以特别委任状任命。

二级保民官，按年龄和资历授予。保民官的名称来源于"民"这个字，因为他们统率的军士原先都是由罗穆卢斯[1]从民众中挑选出来的。

"先锋将军"表示他们在会战中要率先带领队伍投入战斗。

"奥古斯都阿尔"是由奥古斯都分配给先锋将军的军官。和奥古斯都阿尔相类似，"弗拉维阿尔"是由弗拉维乌斯·韦斯帕芗配属给军团的，（按官阶）他们似乎是"奥古斯都阿尔"的副将。

执鹰帜者的人叫作鹰帜手；执帝王头像旗的人叫作帝像旗手。

"承继官"一词由动词"立嗣"派生而来。如果他们的长官病

---

[1] 罗穆卢斯（约前771年—前717年）是罗马神话中罗马市的奠基人之一。按照普鲁塔克和蒂托·李维等的传统罗马历史记载，罗穆卢斯是罗马王政时代的首位国王。罗穆卢斯在位期间，罗马在与周围各邦的不断战争中，领土逐渐扩大，由一个蕞尔小邦变成一个在古拉丁诸城、萨宾诸城和埃特鲁里亚诸城中声名赫赫的城邦。

倒了，那么往往由他们作为类似嗣子或者代理人，挑起全面领导的担子来。

执旗帜的人叫作旗官，现在也有人管他们叫龙标手。

号牌官是到各营帐去宣示"号牌"[1]的人。

"坎比根尼"是先进官的称谓，它表示这些军官能身先士卒，以他们的不懈努力和英勇精神，让练兵场上的训练得以大幅度改善。

标识手是先行官，主要职责是选择安营扎寨的地址。

"贝奈费阿尔"表示这些人的升迁是靠保民官对他们的青睐。

掌秤官负责将应该发放给军士的薪饷登记入账。

号手、司号兵、号角手通常用吹奏喇叭或弯曲的铜管器和兽角传递交战开始的信号。

军中的双饷者是指领取双份粮饷的人；只领取一份的叫作单饷者。

测地官在军营中主要负责丈量土地，以便安置营帐或者在城里物色驻军营房。

双链佩戴者和单链佩戴者。较重的金链奖赏给无畏者；谁若是赢得这种金链，除去荣誉之外，有时还能领取双份粮饷。

双饷者和一份半粮饷者。双饷者领取双份粮饷；一份半粮饷者领取一份半粮饷。此外，还有候补双饷者和候补一份半粮饷者。

所有这些都是（主力兵中）享有特权的高级军人；其余的则

---

[1] 所谓"号牌"，即统帅的命令，部队凭此去执行某项任务或开赴战场。

称为差役军士,因为都要承担某种差役责任。

八、按照古代的传统习俗,军团配置一等百人队长。这名一等百人队长从军团第一中队选拔。他不但要站在鹰帜前,而且要指挥4个百人队,即第一排的400名军士。当然,作为整个军团的领头人,他也享有相应的荣誉和特权。

剑矛兵的第一名百人队长,则指挥第二排的2个百人队,即200名军士,现在我们称之为双百人队长。

第二大队(主力兵)的百人队长,往往统领1.5个百人队,即150名军士,他的职责是让军团一切井然有序。

依此类推,剑矛兵的第二名百人队长,统领1.5个百人队,即150名军士。

后备兵的第一名百人队长,统领100名军士。

如此一来,第一大队的10个百人队由5名先锋将军率领。在古代,他们拥有极大的特权和荣誉,以至于整个军团的其他将士无不想尽办法,通过努力和对事业的忠诚,以期获得这种奖赏。

在以前,军队中还设有管辖独立的百人队的百人队长,现在我们称之为百人长。还有管10个人的十人长,如今我们称之为营帐头目。第二大队有5个百人队;同样,第三、第四直至第十大队都是5个百人队。整个军团总共55个百人队。

九、皇帝向每支部队派遣总督,这些人基本都曾担任执政官。不管是在和平还是在战争的问题上,无论是军团还是辅助部队,都得听从他们的决策。现在,情况发生了变化,总督的职位都由作为军队统帅的高层人士担任,每个总督卜辖的部队很多,他所指挥的部队往往不止2个军团。但是,事实上,他并没有决定权。所有事务的决定权都集中在具有一级高级将领头衔的军团长身上。

在总督不在时,军团长便成为代理人,享有最高权力。他所下达的命令,保民官、百人队长和其他军士都得遵照执行。口令以及警戒或开拔的指令由他下达。如果部队出现违法乱纪的事情,也必须呈报军团长审理,再交由保民官施加惩罚。

军团长还掌管全体军士的武器、马匹、被服、粮饷。部队的纪律是否严明,军团所属步骑兵的训练是否合格等问题,全都取决于军团长的号令和处置。只有军团长秉公执法、殚精竭虑、严于律己,才能够让军团拥有非凡的战斗力,才能够通过坚持不懈的努力让将士们心怀忠诚,以及掌握各种作战技能。他深知,部属的英勇也就是长官的荣耀。

十、军团的各类军官。营舍长,虽然官位较低,但其所负责的工作却非常重要。他的主要工作是营帐的配置和安排,确定壁垒和壕沟的长宽高矮(深浅)。士兵的帐篷和住棚,乃至全部行李和辎重,都要经他认可方能安置。此外,他还负责管理伤病员、治疗伤病员的医生,以及与此相关的开支。

他还要关注车辆、驮兽,以及锯砍木材、挖沟垒墙、铺设水管所用的各种铁器工具,保证原木、禾秸补给充足,保证攻城槌、射石器、弩炮和其他投掷器具完好无损。

这个职位一般由以下的人员担任:长期从事军务,富有经验,擅于将自己先前光荣地做过的一切传授给别人,所有人心目中的理想人选。

十一、工匠长。军团中还配置一批杂役人员,比如木匠、石匠、车匠、铁匠、彩画工及其他建造冬季营房住棚的工匠师傅。这些人负责制造各种机器、木塔、攻城装备、守城装备等。

他们之所以长年累月地待在军团,主要作用是便于制作、维修战争工具。此外，还有制作盾、铠甲、弓的作坊，这些作坊也负责制作箭镞、标枪、头盔和各种各样的兵器。当然，最主要的原因是，避免军营各部队所需要的任何东西出现短缺。军团甚至还配置了钻地兵。这些人像魔鬼一样，特别擅长挖地道，能够一直挖到城池脚下，然后又可以从城墙另一端突然冒出头来，从而攻占敌军的城池。

<u>上述这些人都归工匠长管理。</u>

十二、士兵的保民官。我在前面说过，一个军团由10个大队组成。作为"千人大队"的第一大队，其成员都是俊才。他们应当根据财富、出身门第、教育程度、外表仪容、勇敢无畏等方面精挑细选。该大队的统领一定要满足深谙军事、具备强健的体魄、英勇善战、道德高尚等条件。

其他大队的统领要么由军事保民官，要么由别的高级将领担任，但是他们都需要皇帝任命。这些统领，不管是保民官，还是高级将领都非常重视军事训练，他们不但严格要求士兵必须在自己眼皮底下坚持不懈地操练，还亲自示范（这些人都是军事方面的强手），让士兵们效仿。倘若我们看到他们的部下衣着整洁，武器磨得精光锃亮，不管实践还是学习理论方面都出色，那么这就说明，这些统领体恤下属，治军有方，会得到上级的嘉奖。

十三、百人队和步兵的旗帜。鹰帜是整个军团的主要旗帜，由鹰帜手负责。

在战斗时，每个大队的龙标手高举龙旗（带有龙的图像的旗帜）参加战斗。古人从实践中发现，交战时，队列和队形经常会出现混乱和无序状态。为了避免这种现象发生，他们将大队分成百人队，每个大队都有自己的旗帜，每个旗帜上标有一定的字母,表示该队从属哪个大队,是第几百人队。

有了这样的旗帜,将士们不管在什么样的困境中都不会和自己的战友失散,更何况百人队长(现在称百人长)奉命指挥自己的部队,这样就比较容易认出他们,不会发生差错。

数百名军士跟随的不仅是他们的旗帜,还跟随头盔上具有明显标志的百人队长。同时,百人队下面还有更小的单位,它是按照营帐来编配的,一个营帐10个人,由一名十人长指挥,十人长亦称"卡普拉尔"(营帐头目)。这种编制也有叫小队的,它们是携手杀敌的战斗单位。

十四、军团的骑队。在步兵中,这种建制称作百人队或中队;在骑兵中,则叫骑队。每支骑队由32名骑手组成,指挥官叫骑队长。在步兵中,1名百人队长指挥110名步兵,而1名骑队长则统领着32名骑手。

百人队长应当身强体壮,力大无比,擅长灵巧而有力地投掷标枪和长矛,擅长剑术和盾术,他的警觉性一定要高,能吃苦耐劳,机智灵敏,随时执行上级的命令;他要具有一定的威望,能够让同帐战友遵守纪律,激励士兵训练,关爱士兵,检查他们是否穿戴整洁,武器是否完好无损、保养周到。

跟步兵一样,骑兵也需要挑选骑兵队长。作为骑兵队长,他一定要具有一定的威望。首先,他必须机警敏捷,能够在全副武装的情况下,突然跃身上马,并且稳坐马背上;他一定要擅长使用长矛,并具有百步穿杨的能力;他还要擅长传授技能和知识,教会下属一些基本的技能,并迫使他们经常擦拭自己的铠、胄、标枪和头盔。要知道,闪闪发亮的兵器会让敌人胆战心惊。

如果一名军人所操持的武器因为他不精心养护而蒙满尘土、

污垢和铁锈，那么谁会认为他是一个优秀的军人呢？不但骑士要经常接受训练，就连马匹也应当接受训练。所以，骑队长要对马的健康和训练格外重视。

十五、现在，我将以军团为例，说明在一场遭遇战之前，一个军团应当如何排兵布阵。之所以要做这样的说明，是因为，倘若按照事态的进展必须这样做的话，那么这种实践活动对很多军团来说，或许是同样适用的。

骑兵要部署在两翼，掩护兵阵。整个兵阵应从右翼的第一大队开始部署。第二大队紧靠着第一大队。第三大队部署在中央位置，它的右边是第四大队。左翼是第五大队。

在兵阵前和各面旗帜周围（主要是第一排）作战的称主力兵（前排兵）。这些部队都是重装兵，因为他们有头盔、甲胄、护腿、盾，以及称作"大砍刀"的重剑和另一种轻一些的叫作"中砍刀"的剑；他们的盾上挂有5枚铅球，在发起第一次冲击时，他们就将这些铅球投掷出去；每人还配有两杆标枪[1]。

第一排的主力兵[2]（以及第二排的剑矛兵）在训练时要涉及上述这类兵器。在第一排主力兵后面的是标枪投手和轻装兵，现在我们称之为棒投手和盔兵；持盾兵配有剑、矛、铅球，这

---

[1] 一支较长，枪尖是铁制的，呈三棱形，长0.75英尺，连枪杆在内全长5.5英尺，这种标枪也叫长矛，现在我们称之为枪。军士们都得专门练习投射，因为投射本领高超而有力，能使投出去的兵器穿透步兵所持的盾和骑兵所披的铠甲。另一支稍短，枪尖也是铁制的，长约0.4英尺，连枪杆在内全长3.5英尺，这种标枪先前称短矛，现在叫铁叉。

[2] 作者在这里所述军团兵阵三排部署的次第（第一排主力兵、第二排剑矛兵、第三排后备兵）是公元前5世纪时的排列法。自公元前5世纪末、公元前4世初起主力兵改在第二排，列于剑矛兵之后。

些兵器如今几乎所有军士都有；弓箭手也戴头盔，穿铠甲，佩有剑、箭镞和弓；投石手用投石带和棒投器投掷石块；弩射手用手弩或弓弩（十字弩）将箭镞发射出去。

第二排兵力的配置和第一排的配置相差无几。在第二排兵力中的军士，我们称之为剑矛兵。第二排的右翼是第六大队，紧接着是第七大队。第八大队居中，旁边是第九大队。第十大队在第二排中处于左翼。

十六、最后一排是后备兵。这排军士往往手持盾牌，披铠甲，戴头盔，腿部带护腿，佩剑（中砍刀）和铅球，有2支标枪。他们在队列中取跪姿，一旦前排战败，他们便一跃而出，力挽狂澜，犹如开启新的会战一样，为己方获胜争取新的机会。

全体前排兵和旗手，甚至步兵穿的是一种较为轻便的铠甲，戴的头盔上盖着熊毛皮，以吓唬敌人。百人队长所穿戴的铠甲、头盔，所持的盾都是铁制的，上面还镶有银制的冠状物，这不但是为了美观，更是为了便于己方将士辨认出他们的身份。

十七、军团的布阵。有一件事情需要注意：在交战之初，第一排和第二排的队伍要稳如泰山，岿然不动，而后备兵甚至要坐地等候。此时，应当向前冲并与敌人交战的是标枪投手、轻装兵、棒投手、弓箭手、投石手。如果他们能够迫使敌人溃退，那么他们要奋起直追，相反，如果敌人人多势众，杀气逼人，进而导致我军败北，那么他们应当立即返回我方阵地并退到队伍的后面去。这个时候，该上场的是重装步兵。

按照我的看法，重装步兵要像铜墙铁壁一样屹立在敌人面前，他们不但要用投掷兵器进行战斗，还要拔出利剑进行白刃战。倘若敌人败退，重装步兵不应当立刻发动追击，避免我方战斗队形和兵阵发生混乱，防止敌人杀回马枪，进而造成我方部队惨遭重创。对于溃败之敌，可以调用轻装兵以及投石手、弓箭手和骑兵实施追击。

一个军团有了这样的部署，且谨慎接战，便能够避免陷入险境，赢得胜利；一旦遭遇失败，也可以保持部队完整。对军团来说，不轻易退却，也不鲁莽追击，乃是要则。

十八、刻印在盾上的战士的名字。为了让军士不至于在会战失利的情况下与同帐战友失散，每个大队都会在盾上刻上不同的标记，他们将这些标记称为护符，一直沿用至今。此外，每个军士的盾的周边都刻有自己的名字和自己所在大队或百人队的番号。

由此可知，组织健全的军团就像一座固若金汤的城池。它随时随地可以作战，面对敌人的突袭能够毫不畏惧，就算在旷野里，它也能够很快地挖掘战壕，设定防线。这样的军团拥有各种行当的顶尖人才和擅长使用各种武器的俊杰。

倘若有人想击败蛮族，想要在上苍的庇佑下，奉行攻无不克的皇帝的旨意前去招募新兵组建军团，那么我们希望这些人要为此进行虔诚的祈祷。其实，只要挑选年轻军士，组织他们每天进行严格的训练，教会他们使用各种兵器，他们便能够在很短的时间内和那些征服过整个世界的老军士们平分秋色，就是在兵法运用方面，他们也丝毫不逊色。

我希望人们不要再为这种习俗只存在于过去而不具现实性愁眉不展。陛下，您为了国家的福祉，不但能够创新，还能复兴古风，您真是英明。我们都知道，万事开头难，但是只要有心，所任用之人是专业的，富有智慧的，那么他就能够招募到优秀的年轻军士，并训练出一支能够适应战争的精锐部队。我认为，财散则人聚,只要舍得付出相应的金钱,凭借人们的聪明才智肯定能够创造奇迹。

十九、记事和记账。由于军团所属部门较多,每个部门所需人才各不相同,有的部门需要有文化的人才,所以,在招募新兵时,相关人员在测量应征者的身高、了解其体力和精神状态之外,还要根据应征者所具备的文化知识或掌握的计算技能来挑选人才。

对于整个军团的账目,指挥官或兵役人员的花名册或各种财务报表一定要每日都有详细的记载,它要比商品的市场价格或者城市的财务运算更加细致才行。

和平时期,各百人队和营帐的军士都要轮流执勤,主要是在军营内或在宿营时派出的夜间警戒哨。

为了不让某些人过多承担勤务,而让其他人无所事事,军队应将已经执勤过的人员登记在册。在这册中要注明何人何时休过假,休了多少天的假。在当时,获准休假是极为困难的事情,除非有十分充足的理由。受过军事训练的军士是不需要做杂务的,也不用给某些将领当差。

因为,让誓死效忠皇帝而享有国家衣食的军士做这些事情是不合适的。这样的军士不是用来当侍役的。被派去给高级官员、保民官,甚至将军们当差的军士统称"候补兵"。这些人可以在军团补充兵员时正式加入编制,现在我们将这些人叫作"编外兵"。

不过,像柴、干草、水、禾秸等这种可以成捆成桶扛抬的东西,有时候也由正规军士来搬运,现在他们叫作"勤杂兵",因为这些工作就是他们的本职工作。

二十、士兵的储蓄。在古代，人们还创造了一件很有意义的事情：每当军士获得别人馈赠的金钱时，他都要拿出所得的一半寄存在自己部队的储蓄所里，由储蓄所替他们保存，避免军士一掷千金，或者在同伴间挥霍掉。大多数人，尤其是来自穷困地区的军士往往是得多少就花多少。

将钱存起来，对军士来说获利多多。因为他们原本是依靠国家财政吃饭的，现在将额外所得的一半的钱存到储蓄所里，他就拥有更多的积蓄了。对军队来说，这也有好处。因为，军士知道自己在储蓄所里有存款，他们就不会轻易开小差，而是更加注意自己的大队，在战斗中更加勇敢。这是符合人的天性的，人往往特别关心自己投入财产的事业。

这样一来，10个大队便有10只口袋。这些口袋里装的都是经过核算的铜币。此外，部队还设置了第11只口袋，整个军团将一部分钱存在里面，这是用来作丧葬用的：一旦有兵员阵亡，军团就从这只口袋里拿出一些钱财来作丧葬费。所有这些开支和账目都保存在旗手的文件箱里。所以，挑选旗手至关重要，他不但要为人诚实，而且要有一定的文化水平；他还要善于妥善保管军团钱财，并为每个军士编制一份详细的账单。

二十一、军团中的升迁。我认为，罗马军团采取这样的编制并不完全是某些人的独创，而应该是天意使然。一个军团配置10个大队，构成了统一的整体，军士们就像在某个圆圈中运动，每个大队和各个部门都朝前运动，即从第一大队开始一步步升迁，直到最后一个大队，然后随着薪俸的逐渐增多，官职的逐步提高，又从最后一个大队返回来，如此循环往复。

如此一来，一等百人队长，他在各大队、各部门任职之后，就在第一大队获得了享有无限特权的崇高地位,这是军团中其他军官无法跟他相比的地位。禁卫军首领的升迁也是如此。

军团中骑兵的升迁基本也是如此。虽然骑兵和步兵之间有着巨大的差异,但是由于他们在战争中是生死与共的兄弟,所以他们非常热爱自己的大队。所以,军团内部团结友爱,不管在各大队之间还是步骑兵之间都能保持完全的统一。

二十二、军乐。军团还有号手、司号兵和号角手。喇叭声起,往往代表着军士们应当投入战斗,第二次响起则代表着军士们应当撤退。每当司号兵的军号吹起,军团的军旗应当听从指挥。所以,凡是只需要军士执行某项任务时,喇叭就会响起,凡是需要移动军旗时,军号就会响起。在交战时,喇叭和军号往往齐鸣。

号角手发出的信号称作"典信",这种信号有特别的意义。因为,"典信"是在大将军出场时发出,或者是要对军士实施死罪惩戒时发出,而这必须要有上级的旨意才能吹响。

如此一来,如果军士要执行巡逻或者从事某项工作,或者到野外演习,一旦他们听到喇叭声,他们应该立即行动。在喇叭声再度响起时,他们一定要停止行动。每当军旗应当开进或者随后应将它插在地上时,那么司号兵应当吹奏军号。

不管是演习还是军事行动,一定要这么做。也只有这么做,军士才能在战场上容易辨清信号并按照信号采取行动,才能够确定上级是让他们发动攻击还是静候待命,是前进还是后退。这一切的含义是不言而喻的。我认为,但凡在战争中要做的事情,和平时期一定要先前演练,这是众所周知的军事常识。

二十三、部队训练。在谈完军团的编成和规章后,我们又要回过头来谈谈训练。在上文我已提过,"部队"这个名称源于训练一词。每天清晨和午后,年轻的军士和新兵都要练习使用各种武器。老兵和受过训练的军士虽然每天只训练一次,但是他们的训练从不间断。不管是年龄较大者还是役龄长的人,并不意味着他们懂得军事。一个军人就算他在部队待了很多年,但是如果他从来没有体验过各种训练,那他也只能算是一名新兵。

不管是教头管辖下的人员,还是身处军营中的其他人,都要学会使用武器,而且要坚持天天操练。如今,这种武器几乎以展出品的形式出现在节假日的竞技场上。

机敏灵活就像在进行刀对刀、剑对剑的白刃格斗时的功夫一样,只有不断地通过体力训练才能获得。在学习这些技能中,他们还要学习如何保持队伍整齐,如何在作战过程中频繁运动而始终能够跟随自己的军旗,这点极为重要。在训练有素的成员当中,这种错误几乎不会发生,但是对于乌合之众,出现混乱不堪的情况则是司空见惯的事情。

除了基本的训练外,他们还要用草人甚至用木桩做靶子进行认真训练,以便未来在战场上向敌人发起猛烈的攻击,砍劈敌人的身体两侧、头、脚。他们还要学习跳跃,练习出击,学会用三种方法从盾牌后露头,然后又用盾牌保护自己,一会突然快速奔跑跳跃,一会马上倒退后撤。他们还要学会从远处朝人形靶子投掷枪矛,以此来提高自己的命中率和增加右臂的力度。

为此,弓箭手和投石手将笞帚插进土里,将树条或者秸秆扎捆起来当成目标。他们经常身处距离目标600步远的地方,用箭或投石带将石块击中目标。因为平时的训练,他们在战斗中常常能够有条不紊地进行投掷。

他们还要掌握把投石带在头顶上只旋转一圈便迅速将石块投掷出去的技能。此外，全军将士都要学习单手投掷小石块（大致1磅重）。由于这种方法相对来说较为简便，所以不需要使用投石带。

在平时的训练中，他们还要掌握使用矛和铅球实施攻击的技能。古人进行这方面的训练让人吃惊：就算是冬季，全军将士也要进行军事训练。骑兵在一排排柱廊里，步兵则在类似于大厅一般的房舍内进行训练。这样的训练基地往往比较简陋，他们经常在柱廊和房舍上加盖瓦片或板条，倘若没有瓦片和板条，他们就盖上芦苇、苔草或者麦秸。如果碰到了极为恶劣的天气，部队就在这种顶盖下操练如何使用武器。

在冬季的其他时间里，只要不下雪、不下雨，部队就要到野外去训练，避免将士们的精神状态和身体状态因为短暂的松懈而变得衰颓和虚弱。他们还要腾出一定的时间到森林中去砍伐树木，进行负重训练，跨越堑壕，到大海和江河中去游泳。他们要全副武装并且带着自己的背包进行快速行进或奔跑训练。时间一久，他们便形成了习惯，一到战场，他们便不会觉得难以应付。

所以，无论是军团还是辅助部队，我们都希望他们能够坚持不懈地进行军事训练。但凡受过良好训练的军人都渴望战斗，而那些没有经过训练的军人则惧怕战斗。

总而言之，我们要明白，在实战中，严格的军事训练比兵力数量的多寡更加重要、好处更多，因为一个连武器如何使用都不知道的军人跟老百姓其实是没有区别的。

二十四、为了某些利益，或者甚至为了赢得人们的喝彩，竞技运动员、猎手、驭手坚持每天训练，以保持和提高自身的技艺。军人是以双手来保家卫国的，所以，他们更应该进行坚持不懈的军事训练，以完善自身的军事技能，提高自己的作战能力。要知道，这样做，不但能够摘得胜利的桂冠，而且能够享有大量的财富。

一般说来，军人拥有如此崇高的地位和财富取决于军队的制度和皇帝对军队的态度。既然舞台上的演员为了博得观众的喝彩而进行艰苦的训练，那么军人不论他们是新兵或者是颇有战功的老兵，他们都曾庄严地宣过誓，他们更应当每天都进行军事训练。他们要为了自己的生命安全，为了大众的自由而战斗。"业精于勤"这个成语用在这里还真是贴切。

二十五、军团的装备和工具。军团获得胜利，往往不单单是因为占有兵力优势，胜利与部队的装备有着密切的联系。首先，部队的矛和标枪极为重要，它们能够穿透任何铠甲和护具，是任何盾牌都无法抵御的。

每个百人队都配备有"弩炮车"。弩炮车有专门拉车用的骡子。每个营帐要出1个人，共11人为它服务，负责操作、使用和修理。弩炮车投射距离的远近与它的体积成正比，它的体积越大，它所投射的箭镞的距离就越远。这些弩炮车的作用主要是保卫营地的安全，辅助战场中的己方部队发起进攻，它们在野战中往往位于重装步兵身后。不管是穿着铠甲的敌军骑兵，还是有着盾护身的敌军步兵都无法抵挡弩炮车的威力。

一般情况下，1个军团配备有55架弩炮车，1个大队有10门"弩炮"。这些弩炮车、弩炮和它们的装具都由车拉着，一旦敌人前来攻打营地，它们就可以抛射箭镞和石块，抵御敌人。

此外，军团还配备有用整根木材凿成的舟船，外带长长的绳索，有时还有铁链。将这些船只串接起来，然后再铺上木板，那么不管是步兵还是骑兵都能够安全地从上面通过,即在没有桥梁的情况下,部队也能够顺利渡过平时压根儿没法渡过的河流。

军团还装备有扒城钩(人称狼钩子)和绑在长长的杆子上的铁镰头,还有挖壕沟用的双齿铲、平头锹、锨、装土的篮子和筐子等工具。

军团还配备制造成套工具的工匠,他们主要负责制造围城所需的龟甲盾,撞开城门所需的掩体、攻城槌和遮盖攻城槌的顶棚,以及活动碉楼。

为了避免冗繁,我就不再一一赘述。在这里,我只想指出,军团要随军携带在任何形式的战争中必不可少的一切装备。如此一来,不管这个军团地处何方,就算在条件较差的地方,它也能够在极短的时间内建造起一座武装得十分充分的城堡。

卷 三

内容提要

本卷所论述的是战术和战略,这部分内容对中世纪的军事有着深远的影响。

作者论述了有关预备队的使用问题,并认为这是斯巴达人所创造的战法,后来古罗马人从斯巴达人那里引进过来。"安排一部分兵力作预备队,比起把部队的正面布列得太宽要强得多。"

作者还谈了合围追击的问题,地形问题。"得地利之便,比起勇敢无畏更加有利。"对敌人的估计一定要慎之又慎。"了解敌人的特点以及他们的主力军军官的特点,至关重要。要摸清他们的性格是急躁轻率还是小心谨慎,是富于冒险还是畏首畏尾,他们作战是凭老谋深算降敌还是靠碰运气取胜。"

据古文献记载，在马其顿人之前，称霸世界的是雅典人和斯巴达人。当然，我们都知道，雅典人不但精于武事，而且在其他各种技艺方面也都遥遥领先；斯巴达人则仅限于对战争备加关注。

不过，历史学家认为，正是他们先从作战经验中得出某些结论，并将其编著成书的。在当时，人们认为，军事不过是英勇无畏，在某种程度上再加上机遇；可是，斯巴达人却主张重视作战经验，强调深入研究训练和战术问题。

斯巴达人提升兵法教官的地位，称之为战术家，让他们训练年轻人，教年轻人作战实践和使用兵器的各种方法。这可真是一些非常了不起的奇人！斯巴达人希望研究的是具有关键意义的战法，此外其他战法均不重要。

罗马人正是以他们所定的准则为依据，罗马人不但在实践中运用这些作战法规，而且按照自己的理论著书立说。

攻无不克、战无不胜的皇帝陛下，您要求我尽可能言简意赅地将那些散见于许多军事作家的繁多书卷中的内容叙述出来。我认为，一字字地细读让人厌烦，但是浏览群书却又只能一知半解，实在得不出一个完整的概念。

在作战中，拉西第梦人运用战术获得了什么样的战果是不用多说的，我们在这里以克桑提普斯为例做一下说明。他单枪匹马前往迦太基人的营地，向对方提出自己可以帮助他们打赢敌军。这绝不是兵力和勇气的问题，战争是指挥和兵法的运用。结果，迦太基人重用了他，他也彻底消灭了敌军，并将敌军统帅阿蒂利乌斯·雷古卢斯生擒活捉，罗马大军损失殆尽。他以一次辉煌胜利结束了整个战争。[1]

同样，汉尼拔在挥师意大利前，就找来一位拉西第梦人做高参[2]。他按照此人的计谋行事，结果不但击垮罗马帝国的多位执政官，而且歼灭了罗马数个军团，尽管汉尼拔的兵力和战斗力远远不如罗马帝国。

所以，想要控制世界，就一定要做好战争的准备，若想摘取胜利的果实，就一定要加倍训练军队，一定要凭借本领和智慧，而不是寄希望于侥幸。要知道，面对一个拥有强大军力的国家，

---

〔1〕这是发生在第一次布匿战争中的一段史实。公元前260年，杜伊利乌斯统领的古罗马舰队，在利帕里群岛海战中，首次战胜安尼巴尔统领的迦太基舰队。此后，古罗马人便开始远征阿非利加，以占领迦太基本土。公元前256年，由执政官雷古卢斯率领的古罗马军队，在埃克诺穆斯角附近的海战中又重创迦太基人，并在阿非利加的克利比亚城一带登陆。起初，雷古卢斯连连获胜，但到公元前255年，迦太基人起用拉西第梦人克桑提普斯，结果古罗马人被克桑提普斯指挥的迦太基军击败，雷古卢斯被俘。此番远征以古罗马人失败而告终。但第一次布匿战争至此并未终结，战争还延续了10余年。直到公元前241年，古罗马舰队在埃加迪群岛附近的交战中再获大胜之后才决定战局。这场延续23年之久的第一次布匿战争，在签订了各项条款都有利于古罗马人的和约之后结束。

〔2〕据说，此人叫索齐尔，罗马史学家科尔内柳斯·内波蒂的著作中提及过此人，他是汉尼拔的朋友和传记作者。

谁也不敢轻易惹它，或者对它施加侮辱。

一、在第一卷，我论述了有关募选新兵和对他们实施训练的看法。在第二卷，我谈的是军团的构成和内部管理问题。在第三卷，我准备谈谈作战的全部技巧和制胜的决定因素。

如果军团内部的规章制度较为完善，部队训练有素，严守军纪，那么我在这里所论述的内容将会较容易地被大家接受，也能够给大家带来更多的好处。

军队是军团、辅助部队以及骑兵的集合体，它是为了战争而存在的。军队的规模控制在何种程度，则要通过专业人员来决定。薛西斯、大流士、米特拉达悌等国王都曾武装民众。事实上，规模庞大的军队最终之所以溃败，主要原因不在于敌人的骁勇善战，而在于它自身的臃肿。

我们都知道，人越多，发生偶然性事件的概率就越高。比如，在进行战略转移或者战术转移时，由于人数众多，行动往往较为缓慢；而且由于人数众多，队伍漫长，容易遭到敌军小股部队的袭击；在穿越复杂地形或涉水渡河时常常会因辎重转移迟缓而造成队伍混乱。此外，无数的驮兽和坐骑所需要的饲料也是一大难题。

我们都知道，兵马未动粮草先行，而任何一次征战，筹集足够的粮草一直都是大问题。一旦不能妥善处理，它便会给庞大的军队带来阻碍。虽然你花了九牛二虎之力筹足了粮食，但是由于人数众多，每天的消耗量太大，粮食很快就会消耗殆尽。人员过多也会给水源带来严峻的考验。

部队返回后方基地，由于人数众多，往往会白白损失不少有生力量，而那些侥幸得以存活的将士则因为长途跋涉及战败等影响，成了惊弓之鸟，没有足够的勇气与敌人血战。

在古代，人们不需要规模庞大的部队，而是组建一支训练有素的精兵，其道理就在这里。这是他们经历实践而得出的真理。在一些规模不大的战争中，他们往往认为，一个军团再加上若干辅助部队的军事力量足矣，即1万名步兵和2000名骑兵就可以应付一场战争。

这样一支军队往往由行政长官以等级稍低的将军的身份率领出征。倘若敌军人多势众，那么政府还会另外委派一名代表，率领2万名步兵和4000名骑兵参战。

如果许多部族爆发起义，行动猖獗，那么一定要大军压境，全力镇压。这个时候，政府会派2名将军率领2支部队，他们领受的命令常常是："着令两位执政官同心合力亦各自竭力奋进，以祈国家免罹祸害。"

总而言之，在漫长的历史上，罗马人和不同的国家不同的敌人作战，但是无论在什么样的情况下，罗马的军队总是够用的，因为罗马帝国认为，军队不一定要多，但一定要有充足的兵源。就算这样，他们也一直坚持一个原则：在作战部队中，盟邦辅助部队的人数绝对不能超过罗马公民的人数。

二、现在，我想谈谈部队的医务状况，这是一个备受关注的问题。我在这里所谈的主要是：营地选址、饮用水、季节、医疗服务、训练的形式类别等方面。

选址指的是，营地不要选在这些地方：鼠疫流行的地区，瘴气弥漫的沼泽附近，太阳曝晒、不长林木、没有植被的地方。

夏季，将士一定要住在帐篷里。他们行军一定要趁早，免得遭到太阳的曝晒，以免因为长途跋涉而得病。他们最好在天亮之前拔营前进，在热气散发之前到达指定地点。

冰雪季节，部队最好不要在雪地上和冷峭中夜行军。相反，将士们一定要有充足的柴火和足够的冬装来御寒，当然，惧怕挨冻的人肯定不是一个身强体壮的人，这样的人不适合战争。

军队的饮水问题指的是，军队不要饮用有害的、泥坑里的污水。因为饮用脏水和服毒没有区别，而且会导致传染病的暴发。一旦这种情况发生了，他们的直系官长、保民官，甚至统帅一定要第一时间前往探视并关注，让患病的将士吃上好的食物，并得到医生的治疗，从而尽快恢复健康。我们都知道，对将士们来说，作战任务的负担本身很沉重，如果再让他们应对疾病的折磨，那实在是太不幸了。

富有作战经验的军官都知道，对士兵们的健康来说，体育锻炼所带来的效果远比医生的治疗效果好。所以，他们会让步兵坚持不懈地锻炼，就算在雨雪天气也持之以恒地锻炼。在没有雨雪的日子里，他们会将部队拉到野外进行训练。同样地，骑兵也要进行锻炼，他们的马匹不但要在平坦的地方进行操练，而且要到陡峭的、崎岖的、难以通行的隘路险径上去训练。这种训练会让他们在艰难的战斗时刻，不至于因为面对先前未曾经历过的险阻而手足无措。

由此可见，军队一定要将军事训练作为重点项目来对待。如果将士们习惯了这种军事训练，并且应付自如，那么他们在和敌人交战时就更可能获得胜利。

在秋季或夏季，大批军士如果长时间待在同一个地方，那么这个地方的水质可能会变得浑浊，这个地方的空气会遭到污染，进而会造成士兵染上疾病。为了避免这种事情发生，部队应该频繁地搬迁营地。

三、关注粮食和饲料的准备事宜。接下来，我要谈谈有关军粮、饲料和谷物的准备事宜。对于粮秣问题，有人认为，跟会战失利对军队的影响相比，粮秣不足更为致命，即饥饿比刀剑更加可怕。

如果部队发现有些东西不敷使用，可以通过就地补充或者寻找其他替代品来使用，但是粮秣问题一旦出现且又没有充分的准备，那就无计可施了。

在作战中，部队手里最有力的武器非粮秣充足莫属，敌人如果粮秣不足将陷入食不果腹的境地，进而被击溃。所以，在发动战争之前，一定要全方位地进行研究，如要准备多少粮秣，消耗量是多少，以便能够在战争中及时地将粮秣运送到前线。由于这些作战物资往往由行省提供，再将其存放到适于转运而且比较安全的地方去，所以征收上来的数量往往要比计划消耗的数量多。

如果说征收的数量不够，那么就要向政府提出拨款的申请，而且一定要事先做好准备。要知道，在没有武装力量保卫的情况下，想要安全地将财物稳稳地掌控在自己的手中是不可能的。

事实上，作战时经常出现要求付出双倍消耗的情况，也常常出现围困的时间比想象的长得多的情况，因为就算敌人已在挨饿，他们也不会中止他们想以饥饿战胜对方的围困。

一旦遭到敌人的入侵，一定要将所有的牲口、全部粮食作物，甚至水酒，运送到有武装力量守卫的工事里面去，或者将这些东西藏在非常安全的城市里。因为这些东西极有可能会被敌人抢掠过去享用。

但是，要完成这样的事情必须通过敕令来实施。政府一定要让这些东西的主人们相信这样做的必要性，如果这些人还犹豫不决，那么政府可以通过强制手段来迫使他们这样做。同时，政府还要派出武装力量来帮助他们转运这些东西。

对于行省的居民，政府一定要坚决地要求他们务必在敌人入侵之前就将自己的家人和所有财产藏到四门之中（城池里）。而且，在战争爆发前，一定要加固城墙，备好各种投射武器。之所以这样做，主要有两方面的原因：首先，如果等到敌人到来才准备，那么人们就会陷入恐慌之中而混乱不堪，不利于备战工作的开展；其次，原先能够从其他城市获得的援助也会因为战争爆发导致的交通中断而难以获得。

但是，只要我们的谷仓有可靠的武装力量保卫，而且支出有度，加上资源充盈，尤其是在一开始就采取预防措施的话，那么，军队往往不会出现缺粮的情况。但是，如果在没有什么东西可以贮藏时才想起来要节约，那就为时已晚了。

在古代，军人的粮食按照等级配给的少，按人头平均配给的多。不过，艰苦的作战过去后，国家会将所有那些被扣除的部分全部补还给他们。部队要想尽一切办法储备柴火、饲料和水。任何时候都不能出现缺粮、缺醋、缺酒，尤其是缺盐的情况。

应该将不太适合于编队列阵的军人调去驻守城市和要塞，同时储备好箭镞、棍棒、弩、投石带、用弩炮抛射出去的石块。一定要注意，千万不能让各地民众因敌人狡诈的诡计和阴险的许诺而上当受骗。在这方面，敌人经常会使用假装谈判、媾和来诱骗民众。

如果民众识破敌人的诡计，那么敌人便会陷入困境：聚集在一起，他们会因为缺衣少食而只能忍冻挨饿；如果分散开来，四处寻找食物，他们又会遭到民众的攻击。

在弗拉维王朝时期前后，攻城部队在攻克一座坚如磐石的城镇后，一定会将该城镇的抵抗力量消灭干净，这种情况在查士丁尼（483年—565年）统治时期幸存下来的一篇专题论文中得到证实。

有些军事工程师认为，查士丁尼的杰作完全可以和一座坚固的城市相当。他为部队提供了这样一个场所：既能安全地指挥，也有充足的水源，能够储备大量的食物，适合将士埋伏守卫[1]。

四、有时候，从不同地区来的部队聚集起来时会滋事。事实上，他们压根不想上战场，但是他们却假装很生气，大声疾呼为何还不让他们上战场。这些情况基本上是由那些在驻地长期养尊处优的人挑起的。这些人不喜欢严肃的部队生活，对军队交给他们付出一切保家卫国的任务漠然置之，而且贪生怕死，因为他们早就不进行军事训练了。

事实上，这种问题也有应对的办法。比如，在部队集结之前，他们仍然各自留在自己的营房时，军官或者更高级别的官员，可以严格要求他们进行各种训练，培养他们那种坚忍不拔和

---

[1] 这位作者也像奥利弗·莱曼·斯波尔丁上校在他的《希腊和罗马的笔与剑》一书中所释义的那样来设定："为抵御攻城槌，石头城墙的厚度至少要达到8英尺，这就必须挑选坚硬的大石块，要把长出来的部分凿掉，像凿去露头石那样把城墙搞平整。为防止敌人从云梯爬上城头，城墙的高度必须达到30英尺。在一定的间隔处，他还设置有内侧呈圆形、尖角朝向敌人的角楼，城墙顶端有胸墙，外带一个壁龛，以使在这里值勤的人能躺下休息而不致堵塞旁侧的交通壕。要是堡垒构筑在地平面上，那就要挖60英尺宽的明沟，沟深达到其底部稍低于城墙墙基即可。这是防止在城墙上挖洞的一种保护措施。"

自我克制的能力，尤其是服从命令的能力。

一定要将他们拉到野外进行训练，经常检查他们的武器是否完好无损。不要给这些人假期，而且要时刻注意对他们下达的命令和发出的信号是否有回应。

一定要让他们经常练习射箭、投矛，用投石带或徒手抛掷石块，让他们全副武装训练各种动作，用短棍代替刀剑学习劈砍的功夫。这些训练应当占据他们的大部分时间，直到他们气喘吁吁为止。

同样，还要强迫他们练习奔跑和跳跃，跨越沟壕。如果驻地附近有大河或者大海，则要让他们到水里去游泳。此外，还要将部队拉到森林里，砍伐树木，在荆棘中、悬崖上开辟道路，将树木削平，把沟挖好，占领一块阵地，准备好盾牌，设法不让同伴将自己从阵地上撵走。

这些部队，不管是军团还是辅助部队，或者是骑兵部队，在经过这样的训练之后，掌握了战斗技能，那么在他们聚集在一起，由统帅率领出征时，他们就会很自然地以一种试比高低的竞争心理投入战斗，而不是渴望脱离战争，过无所事事的生活。我们都知道，一个对自己的能力和实力充满信心的人是不会整天开小差耍小心眼的。

另外，部队军事长官务必诸事谨慎。他要在保民官、副手和基层指挥人员的协助下，充分掌握部队中哪些人不安定、喜欢惹是生非。他一定要明察秋毫，而不是单纯听从某些人的谗言妄下定论。

如何处置这些人呢？军事长官一定要有先见之明，可以将他们调离部队，让他们去做他们喜欢做的事情，比如，加强并守卫要塞和城市。

但是，长官这样做的时候务必将态度摆正，让这些人感觉自己是被长官看中的，是优秀人才，让他们对长官心存感激。对大多数人来说，团结一致搞破坏是不可能出现的，不过他们有时候会受到少数人的怂恿。而这些少数人往往是想找些人来替自己分担责任，进而逃避自己的恶行和罪行所惹下的罪责。对于这些人，如果有必要的话，建议严惩少数罪魁祸首，要杀一儆百。

在训练部队上，有的将帅非常善于通过艰苦的工作、加强训练等办法，严整军纪；而有的将帅则一味地使用惩罚、威慑，迫使部队服从。二者相比，前者的管理方式更值得称道。

五、在作战中，部队要仔细听许多命令和信号，因为那时正在进行生与死、成功与失败的斗争，任何一丁点儿的疏忽都可能造成不可饶恕的后果。在所有的制胜要素中，正确地处理所收到的信号是最为重要的事情。

在混战中，将帅难以借助口头命令来指挥人数众多的军队，而紧急的战况却又要求将帅下达命令或者指派新的任务。于是，在实战中，各国人民创造出了通过信号把将帅认为必须做的事情让整个部队知晓、进而去执行的办法。

这类信号大致有三种：口述的、声传的和无声的。前面两种是可以听到的，后面这种则需要通过视力才行。口述信号通过人的嘴巴发出，在警戒和交战时可以表现为口令，像"胜利""光荣""勇敢""皇帝凯旋"等，在一定时间内由部队的主要负责人确定。但是，我们要注意的是，这些口令一定要每天更换，以免被敌人窃取，进而防止敌人的间谍自由出入我方的驻地。

声传信号由喇叭、军号或号角发出。喇叭本身就是（铜制）

乐器；军号也是一种铜管乐器，弯弯的，像一个金属圈儿；司号兵吹的号角基本上是用野牛角制成的，一般都有银镶边。

如果部队有人会吹，那么做这件事情便轻而易举，所吹出来的声音会悦耳动人。根据这些乐器的声音，部队能够准确地执行将帅的命令：是停留在原驻地，还是前进或者后撤，是追击敌人还是击退敌人。

无声信号可以由鹰帜、龙旗、各种各样的小旗和手旗、马尾巴、羽毛等发出。将帅将旗帜往哪边指，部队就高举自己的旗帜奔向哪个地方。当然，无声信号还有别的，比如将帅在战场上要求部队在马上或者衣服上，甚至兵器上标上某种记号，以便分清敌友。此外，将帅也可以借助手势，按照蛮族的风俗，用鞭子或者他所穿衣服的特殊标记发出信号。

在平时的训练中，部队要学会这一切，以便在作战中能够分辨不同的信号，理解不同信号所代表的含义。当然，部队应该在和平时期就坚持不懈地训练，进而掌握所有技巧。

部队在行进中所掀起的尘土也是一种无声信号，它代表着敌人已经近在咫尺。在部队遭遇分割时，如果没有别的办法传递消息，那么可以在夜晚使用火焰、白天通过施放浓烟来和盟友联络。也有部队会在工事或者城池的炮楼上利用竖起或放下杆子的方式来告知盟友自己的情况。

六、有些深谙军事的人认为，军队在转移时所遭遇的危险往往比直接战斗所造成的损失大。因为，在战斗中，双方都是全副武装的人，而敌人就站在你的对面，看得非常清楚，双方都是在充分准备后再投入战斗的。可是，部队转移的情况就不一样了。部队往往都是轻装，他们的注意力不像在直接战斗时那样高度集中，一旦遭遇埋伏，他们会惊慌失措。所以，将帅一定要非常认真，非常细心地进行战术判断，避免在行军途中遭到敌人的袭击，并做好相应的准备，如果真的遇到了突袭，部队能够轻易地将敌人击败，而不至于损失惨重。

所以，军事长官手里一定要有精确绘制的战场地形图，在地图上要标注从一地到另一地的步数（距离），要标明各种道路情况，以便军事长官能够一眼就看清。我们要将这些按比例缩微的路径、所有的交叉路口、山峦、河流都标示得很醒目。这是极为重要的。

一般认为，富有远见的将帅身边都会带着作战地区的地图，这些地图标有若干个记号，是认真细致地绘制而成的。有了这样的地图，我们就不用只凭推断来选择方向，而是可以从地图上清晰地看到准备行进的道路的走向。此外，将帅要把握好每个细节，甚至要亲自向那些熟悉地形的智者请教，认真询问。

为了做出准确判断，一定要广泛搜集情报，力求所掌握的情报准确无误。在危险的道路上行进时一定要找来熟悉该地段的向导，并派人监督他们，告诉他们：要么受奖，要么受罚。如果他们明白逃跑是毫无指望的，进而乖乖地完成任务，他们便能够获得奖赏；而如果他们要小聪明，那么他们只会受到严厉处罚。

倘若他们明白这点，他们就是有用的人。同时，我们还要确定这些向导是专业的向导，是有经验的行家。千万要避免因为几个人出错导致大家陷入困境。我们还要记住，缺乏经验的当地人往往会夸大事实，总说些他们实际上并不知道的东西。

当然，最为重要的预防措施是严守口风，一定不能将行动的方向和路线泄露出去。在征战中，保密措施是确保安全的最佳手段。为此,古人都会在军团里供奉弥诺陶洛斯的雕像[1],意思是,将领一定要将计划隐藏于内心。

实际上,选定敌人认为最不可能使用的路径行动反而是较为安全的。当然,敌人所派遣的侦察人员会打探我军的行动方向,他们可能会仅凭猜测,也可能会亲自打探,有时候我军也会出现几个叛逃者。这个时候,将帅要下决断,应该采取什么样的办法来挫败敌人的企图或者采用什么样的应对措施。

在将帅统率部队行进前,一定要派出最忠实、最灵敏、最细致的人骑着高头大马去侦察前方的地形,探明前方地形的整体形势,一定要躲开敌人可能设伏的地形。侦察人员在夜间行动往往比较有利,但是,一旦他们被敌人俘虏,其中有些人可能会泄露情报。

先头部队最好是骑兵,步兵尾随其后,而辎重、驮兽、辎重兵和车马居中央位置,留一部分骑兵和步兵殿后,以便击退来犯之敌。在部队开进时,虽然敌人可能会从前面实施攻击,但更多是从背后发动袭击。辎重一定要派兵守卫,以防敌人从两侧攻击辎重部队。

注意行军纵队中极有可能遭到敌人突袭的那一部分部队,一定要调派优秀的骑兵、轻步兵、步兵弓箭手加以保护,以免损失惨重。就算敌人将整支部队包围,我方也要做好准备,从各个方向给敌人以反击。

为了避免因为遭到突袭导致部队混乱进而损失惨重,将帅一定要提醒军士们保持冷静,准备好武器。这是因为,人在遭遇突然的

---

[1] 普林尼在《自然史》第10卷第4节中也讲过这一点。由于这里讲的军团是前马略时期的军团,所指的不知是不是一般的公牛塑像(一种图腾),这在古代艺术中是常见的。——作者注

困境时往往会震惊不已，但是，如果所发生的事情是预先有过设想的，那么情况一旦出现就不会引起恐慌。古代的作家们经常这样强调：如果负伤的辎重兵（有时会有这种事情）害怕了，奋力号叫不停，这个时候部队最需要的是镇定从容，队伍不能够拉得很开，也不要挤作一团，以免影响部队作战，而给敌人可乘之机。这就是为何在运送辎重时一定要像正规军那样，举着旗帜。

辎重兵，现在我们称之为加利阿里。辎重兵要从部队中挑选，富有经验、称职的人才能担任。组好队伍后，要给他们配置近200匹驮畜和一部分驭手。此外，还要提供足够的饲料，并让大家知道某部分辎重应当跟随哪面旗帜走，而且走在前面的士兵一定要和辎重拉开一定的距离，以免在发生战斗时，因为队伍过于密集而造成辎重损失惨重。

在部队行进时，一定要根据地形的不同而变换护卫的方式。比如，在广阔的平原上，敌人往往不会派步兵前来偷袭，而是派骑兵前来袭扰；在森林、沼泽等地带，敌人往往会派步兵发动突袭。

在部队行进中，一定要注意，千万不能让部队冒冒失失地向前挺进，而有些部队却在后面慢慢悠悠地行进，进而出现队伍脱节或者拖拉现象。要知道，一旦出现这种情况，敌人会趁机发动进攻，插入其中的空隙，进而给我军带来难以承受的损失。

为了避免这种情况出现，应当委派一些富有经验的督军、副将或者保民官前来监督，他们既能够阻止性情急躁、冒险前进的人冒进，也可以让那些懒散怠慢的人尽快赶上。其实，那些走在前面的和后面距离拉得过远的士兵，一旦遭到敌军的攻击，常常会不顾一切往前跑而不是掉头转身回到大部队中间；而那些远远落后于大部队的士兵，一旦遭遇突袭，将被击溃甚至被歼灭。

我们应该清楚，敌人往往会在他们认为适合埋伏的地点埋伏，或者公然发动进攻，直接投入战斗。为了避免我军被敌人袭击，将帅应该认真研究地形，将一切了解清楚。如果设伏者最终被别人包围，那么他的处境将十分危险，甚至比他为对方准备的险境更危险。

倘若敌人企图从山坡上直接动用兵力发动攻击，那么我军应当派出一支小部队去占领制高点，进而让逼近的敌人意识到自己处在低处，而周围又有重兵把守，不敢贸然前进。如果我军选择的是 条没有险情的道路，但道路狭窄，那么我军应该调集士兵带着斧头在前面开路，无论开路的难度有多大，也比想省力走好路而遭遇危险强。

对于敌人，我方还要熟悉敌人的习惯，通常情况下，敌人会在什么时段发动攻击，是夜间还是黎明时分，或者是趁着我方正在休息时？我们一定要竭尽全力打乱敌人的习惯做法。

与此同时，我们还要了解敌人的主力究竟是步兵还是骑兵，是标枪投手还是弓箭手，敌军人数的多寡，武器是否精良。对此，我们都要非常清楚，进而做出相应部署，让一切有利于我方，而于敌人不利。

我们还要认真盘算，什么时候出发，是白天还是夜间；从出发地到目的地的距离有多远；在途中，如果是夏天如何保障用水问题，冬季会面临哪些难以通行甚至无法通行的沼泽地或者水量很大的溪流。必须搞明白这些，要知道，在这种难以行走的道路上行军很可能被敌人包围甚至被歼灭。

如果说上述各点可以反映我方的随机应变能力和掌握兵法到何种程度的话，那么我军是否能够抓住敌人因为经验不足和失误为我军创造的有利条件则是至关重要的大事。

我们一定要洞察一切，尽力将敌人营垒中的叛逃者、逃兵都吸收到我方阵营来，通过这些人我们可以了解敌人当前在想些什么，以及他们可能采取什么样的行动。同时，我们要让骑兵和轻装步兵整装待发。

在敌军四处分散寻找粮秣、木材时，我军要以迅雷不及掩耳之势向他们发动进攻，并在敌军极度惊吓的情况下将其击败。

七、在涉渡江河时一定要万分谨慎，任何的疏忽大意都会带来不可弥补的灾难。倘若水流湍急，河道很宽，那么对于辎重和辎重兵来说，这条江河很可能就是他们的葬身之地，有时候有些迟钝的军士也会在此处丧生。所以，我们一定要寻找相对较浅的滩头。找到这样的滩头后，就可以将备有上等马匹的骑兵分成两排，在这两排之间留出一定的距离，好让步兵和辎重通过。一排骑兵主要负责被水流卷走或者冲倒的军士，并将他们送回部队；另一排骑兵则主要负责抵挡水势。

倘若河水很深，部队无法通过，但是水流经过的地方又比较平坦，那么我们就可以挖沟渠，使河水分流，这样部队就容易过去了。如果河流能够通航，那么可以在水里打桩子，然后在上面铺上木板，这样也能够让部队通过。如果作战任务紧急，一定要在短时间内过河，那就只能想办法将空的大木桶连缀起来，上面铺上长方木，放到河面上去，这样也能成为通道。

轻骑兵可以把干树枝捆成束，然后再将他们的铠甲和武器放在上面，以防被水弄湿，而他们自己则要用手攀住绑着捆束的缰绳，和马匹一起游过河去。

一般认为，部队要配置渡河工具，即用车辆载着一些独木舟

（就是用单根树干凿成的稍宽一些的小船）。由于这种木材本身的材质，加上船体往往又细又长，所以它非常轻巧。同时，我们还要预先准备好面板和铁钉。这样一来，部队便可以在最短的时间内搭起一座桥梁。不过，由于这座桥是通过绳索连接起来的，在短时间内，可以用它代替石拱桥。

但是，敌人通常会在这样的渡口设伏和发动袭击，所以，我军要在河流两岸派驻一些武装小分队，防止被河道分割的两部分部队遭到敌人的攻击。但是，这是较为简易的办法，最靠谱最安全的办法是在河流两岸修筑好工事。在敌人发动真正的攻击时，我军就可以凭借工事抵御敌人，避免我军遭受重大损失。

如果这座桥梁不是为了单程通过，而是作为双程之用，并且还要运送补给物资，那么我军就要在桥梁的两头分别挖掘壕沟，修筑防御工事，并且派兵守卫。这些士兵应当镇守住桥头的两端，直到这里的事态允许他们撤守为止。

八、在谈完行军途中要提防的事情之后，我准备谈谈军队宿营地的设置这个话题。在交战时，军队未必能找到四周由城墙护卫的城池作为临时休息地或长期驻地。

换句话说，如果部队在一个丝毫没有防御工事的地方停留，那绝对是一件冒险的事情，容易出现意外。担负筹备军粮任务的士兵往往要到各地去筹集粮草，所以很容易遭到敌人的袭击。

敌人往往以黑夜作掩护，而我军骑兵的马匹又都分散到各个牧场上，部队战斗力急剧下降，这个时候，是敌人发动突然袭击的时机。

建立营地时，只挑选一般条件的可宿营的地方是远远不够的，一定要挑选在该区域内最佳宿营的地点，要不然可能会因为疏忽而将最好的地方让给敌人,最终给我军带来损失。

在夏天宿营的时候,一定要注意距离水源的远近,千万不能离好水源太远,也不能离有害的水源太近。冬天宿营要注意寻找不缺乏饲料和柴火的地方,以及避开在突发暴风雨时容易被水淹的地方。

不要在陡峭的山崖和道路难以通行的地方宿营,因为一旦遭遇敌人的突袭,我军将难以脱身。宿营地最好在敌人从稍高的地方掷射过来的标枪和箭镞的射程以外。

注意到上述问题后,就可以根据地形来建立正方形、三角形或者长方形的营地。在建立营地时无须花费太多时间在营地的样式上,而要注重实用性。如果非要注意样式,一般的营地的长度超过宽度的三分之一最好看。

营地的面积要由测地人员丈量,他们在这方面是专家,对部队的人数也心中有数。如果营地太窄,士兵便会觉得拥挤不堪;如果太宽,人员便会过于分散。为此,兵事专家提出过三种筑城方法。

1.如果部队只宿营一夜,或者在途中只需要占用简易营地时,一定要铺上一排排铲下来的草皮并垫上土,不过,也要围上栅栏,即打上比较密集的木桩子,或者安装捕兽器(渠答[1])。

2.倘若泥土疏松,没有办法用铁铲铲土,那一定要想办法围上类似于(砖)墙一般的工事,并且在工事外围挖一条宽5英

---

[1]一种有4个尖的器具,其中3个尖扎入地面,第4个尖必朝上。和如今被广泛应用的反坦克障碍物极其相似。渠答在我国古时也是一种御敌器具,其另一称谓叫"铁蒺藜"。《六韬·虎韬》中有"狭路微径,张铁蒺藜,芒高四寸,广八寸,长六尺以上";《汉书·晁错传》则有"高城深堑,具蔺石,布渠答"之句。另可参阅本卷有关捕兽器的阐述。——译者注

尺、深3英尺的堑壕，然后在堑壕的内侧堆上土堤，这样部队就可以安全地在甲面休息。

3.如果部队要长期驻守，不管是夏季还是冬季，倘若和敌人两营对垒，那么构筑营地就要非常谨慎了，而且还要更加费力气。按照督军和基层长官的分配，每个百人队都会获得一块经过丈量的土地作为营地。每个百人队要放好自己的盾牌，将辎重放在己方旗帜的周围，腰间别着剑去挖一条壕沟，宽度可能是8英尺、11英尺，或者13英尺。一般情况下，壕宽总是成奇数，然后垒土堤。为了防止土堤坍塌，一定要用木桩或树杆、树条加固。

土堤上要修筑雉堞、箭窗，就像真的城墙一般。挖壕沟这项工作由百人队长监督负责，每挖10英尺换一次班，这样一来，就不会出现有些人因为偷懒而将壕沟挖浅、挖窄，或者其他问题。

负责任的保民官会四处巡视，直到工程修筑完成才离开。为了防止敌人突然袭击，扰乱工程作业，所有的骑兵和没有承担工程任务的步兵都要全副武装，待在壕沟前面，做好战斗准备，以便敌人发动攻击时，可以将敌人击退。

军旗的竖立位置较为重要。在军人看来，军旗代表着荣耀，它应该受到敬重，所以，它应该竖立在最为合适的地方。

此后，要为将帅和他的随从安置营帐，也要为保民官们安排营帐，一定要指派专门的杂役兵为他们准备用水、柴火和饲料，接着再按照等级，为军团、辅助部队、骑兵和步兵分配营地。

宿营期间，每个百人队要派遣4名骑兵和4名步兵承担夜间警戒工作。考虑到一个人难以在夜间保持警觉，所以要分成4个班次，以水漏计时，每个班次警戒时间不得超过3个小时。所有哨兵都要听从司号兵的口号上下岗。

为了保证警戒的效果，保民官还要挑选最富有经验的将士去查哨，一旦发现什么异样情况随时上报。这些人被称为"哨监"。现在，它已经成为一种官职，叫作巡哨官。担任夜间警戒的骑兵则要到营地外面去执勤。

营地建好后，如果是白天，有一些军士会一大早就去值岗，而有些人则会在下午去值岗，这要依据部队的疲劳程度而定。

长官的首要任务之一是，随时关注部队的动向，部队是进驻营地还是在城里；保证牲畜的放牧、谷物和其他粮秣的输送安全；保证部队的用水、柴火和饲料的供应，不至于被敌人袭击。

部队只能在运输队行进的途中，选择恰当的地点，构筑防御工事，将武装部队部署在防御工事里、城里或者有围墙围起来的堡垒里。倘若沿途没有现成的旧工事，那就应该选择恰当的地点，尽快修筑小型堡垒，挖掘壕沟将其围住。

在堡垒里，必须部署一定数量的步兵和骑兵，以便他们能够保证运送粮秣的道路的安全。敌人得知我军已经在运输线上部署兵力后，他们一定不敢轻易前来袭扰。

九、上述有关兵法的观点都是以权威的著作为基础的。每一个认为这些兵法值得一读的人肯定都想知道，决战是怎样设定的。两军正面交战常常不过是两三个小时的事情，此后，失败方往往丧失战斗意志。

所以，一定要事先考虑周详，而且在正式开战前一定要做好备战工作。优秀的将帅从来不会将备战工作拖到开战时才做。他们不可能到了战场上才开始想如何攻击敌人、袭扰敌人，又保证自己的兵力不会受到严重的损失。

这些措施必须在战前准备妥当。因为一旦开战，对双方来说，冒险的程度是相同的。这点对古人来说极为重要，我准备详加论述。

对将帅而言，最有效、最高明的办法是从全军中挑选智勇双全的人来担任相应的职责。要扫除阿谀奉承之风，因为在战斗中，这种风气危害很大。一定要和那些智勇双全的人谈军事，讨论敌我情况，讨论双方兵力的多寡、双方武器的优劣、双方粮食储备的多寡，讨论双方部队的战斗力，讨论双方将士的吃苦能力。一定要分析清楚，究竟哪方的骑兵更加优秀，哪方的步兵更加有战斗力，一定要认识到步兵才能体现军队的实力。

对于骑兵，我们一定要搞清楚，究竟哪方的弓箭更加优秀，哪方的箭镞更精良，哪方穿铠甲的骑兵多，哪方的铠甲质量好，哪方的马匹更有耐力。

最后，我们要搞明白，战场的地形条件究竟对哪方有利，是利于我方，还是利于敌人。如果我军的骑兵比较优秀，那么我军所希望的是在广阔的平原上作战；如果我军的步兵实力较强，那么我们就要选择在狭窄的、有壕沟的、沼泽地纵横交错的地方，或者在那些树木密布和冈峦起伏的地方开战。

此外，我们还要对敌我的给养问题进行分析，看看谁在这方面占有优势，这点极为重要。有人说，饥饿是自身内部的敌人，它比刀剑更能使军队吃败仗。

当然，还要重点关注，我方是立即投入战斗还是拖延一定的时间再投入战斗。有时候，敌人希望速战速决，如果长时间拖延，他们会因为自身兵力不足而困顿不堪，或者因为思念亲人而开小差。

由于长时间没有获得任何战绩，失望、沮丧便会在军营中蔓延，并诱使士兵躲藏起来。这个时候，沉重的负担，没有希望的战斗，会让很多士兵忧郁地离队而去，有些人甚至会当叛徒，逃到敌方的阵营。

在各种不幸降临到敌人头上时，敌方将士便顾不上忠诚不忠诚的问题了。于是，刚开始人多势众的敌军便成了兵力稀少的部队。

有一件事情非常重要，即一定要了解敌军将帅，知道他是什么样的人，了解他身边的随从和高级将领的情况。他究竟是轻率冒进的人还是事事谨慎的人，是英勇无畏的人还是贪生怕死之辈；他的高级将领是精通军事，还是刚愎自用、仅凭经验厮杀；他的军队中究竟哪些人善于作战，哪些人懒散懈怠。

我们还必须了解，我军辅助部队的忠诚问题，他们的战斗力如何；是否将军心不稳、惊慌失措的部队投入正面作战；部队是由新兵组成还是由富有经验的老兵组成；该部队是在不久前战斗过还是数年来一直没有参与真正的战斗。对于常年没有参与战争的人来说，他们和新兵没有区别[1]。

倘若军团、辅助部队和骑兵从四面八方汇聚过来，那么卓越的将帅不应当立即使用他们，而是应该向各个部队派出保民官，训练他们使用武器，经过一段训练后，再将各个部队聚拢起来，最后由将帅亲自进行训练，如同上战场一般。

此外，将帅还要注意部队的训练情况：将士们使用武器的熟练程度，体力增强多少，是否可以承担上级指派的任务，是否能

---

[1] 通过此类调研有可能使部队精神振奋起来，也可能致使其精神沮丧。在那些滋长着悲观失望情绪的部队里，将帅充满激情的言辞足以使顽强奋战的劲头大增。只要将帅自己神采奕奕，无所畏惧，那他的部队一定会朝气蓬勃。利用埋伏或者某种有利态势建立了某项卓著的功勋，而使敌人开始陷入灾难之际，或者能从敌人中选中较薄弱的或装备较差的一部击而胜之，最能证明上述论断的正确。

够准确无误地接收信号所发出的命令，甚至将帅一个简单的示意，他们就能领会并采取相应的行动。

如果将士们并不能做到上述这些，那么将帅就应该让他们继续接受训练，直到娴熟为止。如果部队在操练步法、射箭、掷矛、保持队形等方面表现良好，那么也不能轻易将这支部队投入战斗。投入战斗的最好时间是最有可能获胜的时刻。在这之前，最好让他们经历一些规模较小的交战。

如果将帅注意到上述各点，那么他就能够知己知彼，并像法官一样，做出准确的判断。如果他断定，跟敌人相比，自己在诸多方面占有优势，那么他应该毫不犹豫地将部队投入战斗。可是，如果敌军强于己方，那么就要尽量避免正面交战。要知道，就算己方在人数上不占优势，实力较差，但是将帅可以率领部队利用突袭和设伏，取得胜利。

十、不管是何种技艺，如果不经历日复一日、坚持不懈的磨炼，都很难达到炉火纯青的程度。这是一条铁律，无论事情是大是小，它都是适用且正确的。

兵法高于一切。因为它所维护的是罗马人民的自由和国家的尊严，它要保护行省的安全，要捍卫整个罗马帝国的稳定。对此，谁又能质疑呢？

以前，拉西第梦人，紧接着是罗马人，放弃了其他的学问，唯独推崇兵法。至今，蛮族人依旧认为只有兵法值得推崇。对于准备战争的人来说，兵法至关重要，它不仅能够保全人民的生命，还能够帮助己方获得胜利。

所以，既然国家授予将帅如此大的权力和地位，那么国家的命运、军士的生命、国家的荣誉等全都仰仗于他的忠诚和勇敢。

所以，他不仅要关注国家的整支部队，还要关注每个士兵。因为，如果士兵在战争中遭遇不幸，那么所有的过失都将算在将帅头上，同时，还将给国家造成损失。

所以，如果将帅所统率的部队几乎是由新兵或者由长期未参与过战斗的士兵组成，那么将帅就要关注各军团和辅助部队，甚至要关心基层士兵的情绪、习惯等。

他要熟悉自己的助手、保民官、随从，以及自己的士兵，要能够叫出他们的名字，深谙他们的脾性，了解他们在战争中会有什么样的表现。

他要树立自己的威望，并表现出严格治军的气势。对于违反军纪的人一定要严惩，不管在什么时候，将帅都要做出榜样，不徇私情。

有了严格的军事制度，那么在敌人四处分散抢掠民财、四处逍遥的时候，将帅就可以派出训练有素的骑兵或步兵，带上那些新兵和长期未参加过战斗的士兵，在非常有利的条件下去袭击敌人。

这样做，既可以提高部队的士气，也能够增长部队将士的才干。此外，将帅还要善于利用地形，在渡口、陡峭的山崖上、狭窄的森林小道旁以及沼泽间难以通行的路边设伏。

在作战时机上，将帅要巧做安排，让我方做好战争的各种准备，而敌人却恰好在吃饭或者睡觉或者休息，他们正逍遥自在，甚至鞋子都没穿，活脱脱一副刀枪入库、马放南山的景象。如果在这样的情况下作战，我军必然胜券在握。

但是，对于那些从来没有上过战场，从来没有体验过生与死的人，一旦真的投入战场，目睹战争的残酷，他们肯定会大受惊吓，以至于他们的脑海中所想的不是上阵杀敌，而是如何逃跑。

在敌人偷袭我军时，我军的将帅一定要以逸待劳，以猛烈的攻势攻击那些长途跋涉而困顿不堪的敌军，或者派出部队从敌人的背后发起攻击，或者调集部队到达敌人想不到的地方。

将帅也可以派遣一支精干的小分队前去追杀那些出外寻找饲料或掳掠百姓而远离队伍的散兵游勇。部队可以从上述这些开始做起，如果行动失败，也不会给部队带来巨大的损失，可是一旦获胜，将会对整支部队产生极为重要的影响。

聪明的将帅往往擅长在敌人之间制造矛盾。不管什么样的民族，哪怕是很小的民族，只要不祸起萧墙，那么它是不会被敌人消灭的。这是因为，内战往往会挑起民众的怒火，他们一心扑在消灭对手上，而忽视了外来的敌人。

在这本书中，我一直想传递这样一种思想：任何人都不应该对如今我们能否达到先人曾经达到的高度持悲观绝望的态度。可能有人这样认为：这么多年来，人们不再挖壕沟、垒土堤，将部队准备驻留的营地圈起来了。对此，我想说，如果我们真的能够采取防御措施，那么不管敌人是在白天还是在夜间对我军发动攻击，我军都不会遭到惨重的伤亡。

罗马人的做法，波斯人也在效仿，他们在营地周围挖掘壕沟。由于战场周围几乎都是沙土地，所以他们携带了很多空袋子，用空袋子装沙土，然后将袋子堆起来，就可以构筑成土堤。

蛮族人则用他们的大车在部队周围摆成一个大圈，好像一座筑有工事的营地。他们可以安心地在里面过夜，而不用担心会遭到敌人的突然袭击。

这究竟是怎么回事呢？难道我们害怕学习别人从我们这里学去的东西吗？在过去，这些都是尽人皆知的东西，实际作战中是这样，书籍中也是这样记载的。后来，这些东西都被抛弃了，人们再也不用了。和平生活让人们不太愿意学习军事。但是，我们会用实例证明，恢复已经不再实际应用的那些知识是完全可能的。

在古代，人们有时候也会忽视军事的研习。刚开始，这种研习能够恢复得益于书本中的教诲，后来则全靠将帅的威望。西庇阿·阿非利加努斯接管了在其他将帅领导下屡被打败的西班牙军队。

面对这样一支军队，他严格执行规章制度，强调纪律，逼着大家挖战壕，从事各种劳动，并让他们每天都坚持不懈地训练。他告诉他们，如果不想被敌人杀死，那么在挖掘战壕时就应浑身上下盖满尘土。

靠着这种训练，他的部队风气焕然一新，战斗力大增。后来，他统率这支部队攻克努曼蒂亚城，烧死了全城居民。在阿非利加，原来由阿尔比努斯指挥的一支部队曾蒙受过很大的屈辱[1]。后来，梅特卢斯成为这支部队的统帅。在他的训练之下，

---

[1] 这事发生在公元前2世纪初的朱古达战争中，很可能当时统治努米底亚的国王朱古达对付罗马军队的统帅们时，每次都通过收买、贿赂等手段平息战事。公元前110年初，罗马军队在执政官奥卢斯·波斯图米乌斯·阿尔比努斯的统率下又开进努米底亚。据传，阿尔比努斯也被朱古达收买了。他在返回罗马时任命自己的兄弟阿夫尔为副帅。阿夫尔深入努米底亚腹地冒险进军，朱古达把他引进沙漠，趁黑夜袭击并占领了罗马军队的营地。阿夫尔被迫同朱古达签订和约，罗马人必须撤出努米底亚全境。夜袭后幸存下来的罗马士兵没有穿上衣，没有拿武器，从山冈上走下来。走在前面的是一群以阿夫尔为首的罗马军官。阿夫尔也是半裸着的。罗马人垂头走着，不敢抬头看在四周肆意嘲笑他们的敌人。罗马士兵缓缓地走向轭门——2支标枪插在地里，第3支标枪横绑在上面，这就叫作轭门，因为它很像驾牛用的牛轭。每一个半裸着的人，弯着腰、困难地从轭门下面钻过去的时候，努米底亚人发出一阵阵大笑声。在最后一名罗马士兵钻过轭门，努米底亚人看够了热闹之后，阿夫尔被允许带走他的军队。10天之后，努米底亚境内就再没有一个罗马士兵了。这就是罗马人蒙受的一次奇耻大辱。——作者注

这支部队不再是乌合之众，打败了曾经让他们蒙受耻辱的人。

辛布里人在高卢歼灭了西庇阿和马利乌斯的军团，盖乌斯·马略将这些残部收编起来，教他们作战技巧和方法。随后，他统率这支部队在一次大战中击溃在人数上占有优势的辛布里人、条顿人和亚布隆人。但是，有一个事实要注意：激励刚招募进来的新兵远比激励那些在战场上受过惊吓的人容易些。

十一、接下来，我们要来谈谈实战本身及其难以捉摸的结局，谈谈攸关民族存亡的问题。我们知道，会战的结果维系着全局的胜利，这个时候，将帅要全神贯注，集中精力。对部队来说，巨大的荣誉勉励着勤勉奋进者，严重的危险威胁着怠惰懒散者。

在这个关键时刻，将帅所获得的经验的意义，在军事方面的素养，明晰准确的计划，以及指挥的从容镇定等，都将一一展现出来。

在古代，部队在投入战斗前，往往要先吃饱饭，因为，一来，酒足饭饱的部队胆子更大；二来，吃饱饭的将士能够在持续时间较长的会战中坚持战斗。

如果将帅只能在敌人目视的情况下调动部队离开营地或者城池，那么我军从狭窄的营门或者城门出来时，要特别注意。

如此一来，将帅要特别关注的问题主要有：如果非要出城迎战，一定要在敌人行动之前先部署好自己的军队，严阵以待。如果敌人军纪严明，杀气腾腾地逼近，我军依旧在城里，那么这个时候，将帅要么推迟出战，要么造势，让敌人认为城里有大军埋伏，给敌人造成一种心理压力，让他们一边攻城，一边心理犯嘀咕，城里的守军是否会出来迎战。当敌人开始抢掠或者开始撤退，他们的队伍因此而混乱不堪时，我军应该立即抓住战机，派出精锐部队，以迅雷不及掩耳之势猛扑过去。

长时间的行军会让军士疲惫不堪，骑兵也会因为骑马的时间太长而疲劳，所以，一定不要让长时间行军的部队参加大会战。在长途跋涉之后还要上阵厮杀，这一定会给部队带来巨大的损失。

对于困顿不堪的部队来说，就算排兵布阵得再好，但是有什么用呢？只是花架子罢了。在古人看来，这是行军打仗的禁忌。古人一向避免将疲惫之师投入战斗，不管是现在还是古代，人们都对此坚信不疑。

可惜，有些罗马将领却不信此道，缺乏经验的他们丝毫不以为意。结果，两军交战，一方生龙活虎，一方萎靡不振，谁胜谁负一目了然。

十二、作战之前，一定要尽量摸透将士们的心绪。关于新兵渴望战斗的说法，绝对不能全信。对于从未上过战场的人来说，会战有一定的吸引力。如果新兵和从未上过战场的人得知老兵也害怕会战，那么在会战展开之前，将帅一定要做相应的工作。此外，在鼓励将士时，一定要将敌人的弱点和失误说出来，如果对方曾是我军的手下败将，那么更要大肆宣传，要说一些能够激发我军将士对敌人的仇恨和使大家义愤填膺的故事。

在战场上，几乎所有的参战人员都会感到害怕，有些人则表现得更差，在与敌人生死对决时，他们变得手足无措。这点是毋庸置疑的，在战场上，这种现象司空见惯。

对于部队的这种恐惧，有一种办法可以应对，即在作战之前，将队伍部署在安全地带，让部队可以看清对面的敌人，一定要让大家适应这种场景。有时候,如果有战机,可以派出部队前去执行军事行动,比如追击敌人或者挥师进入敌人的纵队砍杀敌人,一定要让己方将士了解敌人的特点,了解对方的武器和马匹。

一定要谨记,对于已经适应了的东西,人们是不会产生惧怕心理的。

十三、优秀的将帅深知,在很大程度上,胜利取决于战斗所在地的地形条件。所以,当将帅准备实施白刃格斗时,务必先占据有利的地形。一般来说,所占地势越高,对己方就越有利。

居高临下好处多,对地处低处的敌人来说,猛攻高地并非易事,而处在高处的人则可以用尽力气掷矛,极大地杀伤敌人,并击退敌人。至于在复杂的山地地区,部队不仅要克服地形带来的不利影响,还要应对占据地利的敌人,他们得付出比敌人多两倍的努力才行。

但是,这并不适用于所有兵种。如果你要用步兵战胜敌军的骑兵,那么你所选择的地形应该是崎岖不平的多山地形;而如果你要用骑兵打败敌军的步兵,那么你应该竭尽全力寻找有点起伏的地形,但是,它一定要是较平坦的、开阔的、没有难以或影响通行的森林和沼泽。

十四、在布阵之前,将帅要关注三件事:太阳、尘土和风。阳光直射双眼,会让将士们无法看清东西;逆风作战,会使将士所投射出去的矛和箭偏离预定的方向,这对敌人有利;尘土扑面,会让将士睁不开眼睛。

当需要排列作战线时,就算缺乏经验的将领也会避开上述这些问题。审慎的将帅一定有先见之明,以阳光为例,将帅可以根据太阳的运行轨迹来排兵布阵，将部队部署在背阳的位置；在战斗中，一定要注意风向，以避免逆风。根据上述这些要点，将帅一定要按照顺风背阳的原则来排列兵阵，还应当想方设法使敌阵逆风朝阳。

兵阵是指军队为交战而排列的面对敌人正面的战斗队形。如果将帅在正面作战中布阵正确，那么将获益良多；而如果将帅布阵不正确，就算部队是由富有经验的老兵组成也无法挽救危局。

布阵是有规律的：第一排是训练有素、作战经验丰富的老兵，也叫作主力兵；第二排是穿护具的射手和携带矛、枪的精兵，也就是剑矛兵。一般情况下，直线站立的武装军士之间的间隔应为3英尺，也就是说，在1英里的空间内要有1666名步兵排列一线站立。虽然阵中没有大间隔，但是将士们使用武器的空间还是足够的。

在古代，前排和后排之间的距离规定为6英尺，这样便于将士在和敌人血战时，能够向前一个箭步，然后又重新跃回原处。这样安排是因为，用矛刺杀时一个箭步蹿上去，其杀伤力远比跑上去的力量大。

这前两排的军士年龄较大、富有经验、配备重武器。他们站在前方就像铜墙铁壁，他们既不会轻易后退，也不会盲目追击敌人，能够保证己方部队不至于混乱不堪。他们站在原地迎击敌人的攻击，通过战斗将敌人击退或者逼迫敌人逃跑。

第三排是携带轻武器的战士。他们行动迅速，是一些年轻的射手和优秀的投矛手。第四排主要是携带轻武器的士兵，他们手持盾牌，还有新兵射手以及能快速投掷标枪和铅球的兵士。所有这些人统称为轻装兵。

在古代，前两排都是稳稳地站在战场上，而第三、第四排则经常要带着标枪和箭镞出击，以引诱敌人出战。如果他们的攻势让敌人溃败而去，那么他们要和骑兵部队一起追杀敌人。如果他们被敌人击败，那么他们就要迅速地往后撤退，越过前两排回到原来的位置上。在战势发展到不得不进行肉搏战时，战场的主角变成了第一、第二排的将士。

在第四排之后的第五排军士，基本上由持弩的弩箭手、借助棒投器投石的棒投手和投石手组成。棒投器有1根长约4英尺的棍棒，中间系着由厚皮制作而成的投石带。

棒投器用双手操作，两手先拉紧再放开，就跟用投石带一样将石块投掷出去。

投石手使用投石带投石。投石带通常由麻绳或者马鬃制成，以马鬃为最好。投掷时，投石手用一只手抓住鬃绳在头顶上方旋转。

没有配备盾的兵士往往站在这一排，他们要么投掷石块，要么投掷轻矛。这些人在过去叫"额外兵"，是一些比较年轻和随时补充来的兵士。

部署在最后的第六排军士，则是身强力壮的军士，他们手持盾牌，配备各种武器。在古时，他们叫作后备兵。在战场上，他们往往坐在最后面休息，这是一支精锐部队，军士能够以非常快的速度扑向敌人，如果前面几排将士遭到敌人的猛烈攻击，难以招架，那么第六排军士便成了战场的主角。

十五、在讨论完如何排兵布阵之后，现在我要来谈谈布阵的规模和距离问题。在宽度为1英里的正面上能部署1666名步兵，每个战士之间相隔3英尺。倘若你想在1英里的地段上部署6排军士,那么所需兵力为9996名步兵;如果你想将9996名步兵布成3排,那么所占正面宽度就应当是2英里。

但是,最好是增加排数,作战线不要拉得太长。我已经说过,在每排之后要预留出6英尺宽的间隔,而每个士兵所占的位置也需要1英尺见方的面积。所以,如果将部队分成6排,那么所需的地方就要达到纵深42英尺,正面宽1英里。

这样算下来,假设将帅有2万或者3万名步兵,如果他知道队伍之间的最佳距离,那么他就不会在布阵时出现错误。有人认为,倘若地方过于狭窄,或者人数过多,那么可以将部队分成10排,或者更多排。

对于作战来说,列阵紧凑比疏松有利得多。因为如果列阵太过单薄,那么敌人发起攻击后容易突破防线,而一旦防线被敌人突破,想要再补救就困难重重了。

左翼、右翼和中央各部署多少军士最为合适,要视他们各自的特长和敌军的状况而定。

十六、当步兵布阵时,其两翼要配置骑兵,而且还要让那些身穿铠甲、手持长矛的重骑兵紧靠着步兵站立,弓箭手或者由没有穿戴铠甲的军士组成的轻骑兵站得远一些。最精锐的重骑兵是用来掩护步兵两翼的,而行动迅速的轻骑兵则是用来包抄敌军两翼和袭扰敌人队列的。

将帅应该知道,怎么用骑兵来对付敌人的骑兵或步兵。让我百思不得其解的一个问题是,我军的某个兵种能够轻而易举地击败敌人的某个兵种,但是这个兵种却也会成为弱敌的手下败将。

倘若我军的骑兵数量远不如敌人的多,那么应按照古人的做法,部署一些经过专门训练的持轻盾的快速步兵。这种快速步兵叫作"韦利特"。他们是敌人骑兵的死敌,无论敌军的骑兵如何强大,在这些快速步兵面前也只能束手无策。

十七、有一种非常好的办法可以帮助我军获得战争的胜利。其具体做法是,建立一支由精锐的步兵、骑兵、副统领、科米特和免除了指挥职务的保民官组成的部队,将其部署在部队的后部,或者两翼近侧,或者中央位置。一等到敌军发动猛烈攻击,力图突破我军阵线时,这支有生力量便会出现在需要加强兵力的地方,他们凭借非凡的勇气和战斗力挫伤敌人的锐气。

在战场上,首先运用这种战术的是拉西第梦人,紧接着迦太基人、罗马人都这样做。这种战术非常有效。

布阵的唯一目的就是打败敌人,歼灭敌军。倘若将帅想将楔形兵阵向前推进,或者布成剪形兵阵,那么他就需拥有强大的后备队伍。通过使用这支队伍,将帅才能组成楔形攻势和剪形包围攻势。如果将帅要实施"锯形攻势",那么他也要拥有一支强大的预备队。

倘若将帅不这么做,而是调用已经部署于队列中的军士,让他们离开自己的位置,就会造成队列混乱。如果敌人有一支部队攻击我军的一翼或者某个部分,可是将帅却没有后备兵力可用,那么这个时候,他能做的便是从正面抽调部队,进而出现顾此失彼的情况。

在战场上,如果我军的兵力不充裕,那么就应该将兵阵正面宽度布得短一些,留出足够数量的预备队。这样一来,等到会战开始,在正面,我军将拥有一支训练有素、骁勇善战的步兵部队,将帅能够利用这支部队突破敌军的兵阵。此外,在两翼,将帅还可以用穿铠甲的持矛骑兵(专用于打破敌兵阵)和快速步兵组成一支队伍，包围敌人的两翼。

十八、在战场上，主帅往往在右翼，位于步兵和骑兵之间。这个位置有利于指挥全军，主帅在这里容易直接而自由地通向各个阵位。处于步、骑兵之间，既容易指挥，又便于发挥自身的权威作用，能够激励部队奋勇杀敌。从这里，他还可以调用加强轻步兵的后备骑兵，迂回包抄敌人的左翼，插入敌人的后方，进而将敌人击溃。

第二位将帅应当在步兵兵阵中央，负责指挥并加强步兵。他要从预备队中挑选精锐部队留在身边，如果战局发生变化，可以构成楔子，突破敌人的兵阵，或者在敌人的部队构成楔子时，这支精锐部队变成"剪刀"，迎击敌人的楔子。

第三位将帅要在左翼。他必须是一位富有勇气、颇具眼力的将才。在战场上，左翼的责任重大，是全阵中最为关键的部位。他要在自己周围部署优秀的后备骑兵和快速步兵，以便他们能够护卫自己的左翼，不至于让敌人包抄左翼，进而对我军产生致命的威胁。

在双方对阵之前，千万不要让部队发出俗称"大象怒吼"的呼喊声。在远离战场的地方大喊大叫，那是缺乏战争经验的人的特点。要想让这种呼喊声发挥最大效果，就要与投矛和刺杀相结合，如此一来，敌人必将感受到强烈的威慑。

排兵布阵一定要赶在敌人前头。因为这样一来，我军就能够从容地按照最为有利的阵形来部署，能够增加部队的信心，挫伤敌人的锐气。

在战场上，谁有勇气向对方发出挑战，谁就是强者。当敌人看到我军布阵严密，便先胆怯了三分；敌人看到我军严阵以待，备战有序，反观自己匆忙布阵，便会大惊失色，这样更加有助于我军夺取战争的胜利。事实上，这个时候，我军已经赢得了部分胜利。

决战尚未开始，敌人已经慌乱不已，且不说在有利条件下可以发动突然袭击，就算是有点经验的将帅也不会放过这样的战机。其实，会战之所以能够获得成功，很大一部分原因在于一方能够把握战机。比如，敌军因为长途跋涉，部队疲惫不堪；敌人因为渡河而造成部队被江河分割成两部分；敌军陷身于沼泽中或山脊陡壁之上而动弹不得；敌军零零散散四散开来，毫无戒备地游走在远离驻地的地方，或者在驻地营房睡大觉等。

在敌人被诸多事务缠身时，我军可以趁其没有做好任何作战准备的情况下发动突然袭击，重创敌人。倘若敌人非常警觉，我军无法有效设伏，那么只能在同等的条件下与有戒备的、训练有素的，而且是细心的敌手对阵了。

十九、但是，不管是在这种公开的冲突中，还是在隐秘的运筹时，兵法都发挥着巨大的作用。一定不要让部队被占有数量优势的敌军的混乱队形包围。在战场上，这种情况往往会发生在我军的左翼，而右翼遭遇这样的情况则相对较少。

如果说，上述情况无法避免，那么我军可以采用这样的办法来应对：将侧翼收拢，以便部队能够反转过来掩护同伴的后方。同时，要将最精锐的部队部署在边缘，因为这里往往是敌军重点攻击的地方。

对付敌人的楔子，我军还可以采用别的办法。我们这里所说的楔子，是指与兵阵相衔接的步兵队伍，它的头几排较窄，随后几排则愈来愈宽。

楔形攻势会让部队中的大多数人的矛集中投射到某个地方，这样有助于部队突破敌军的兵阵。军士称这种列阵为"猪嘴巴"。要应对这种楔形攻势，可以采用一种叫作"剪子"阵的阵法，即从部队中挑选精干的将士，排列成V字形兵阵，它会在自己的中心部分"吸"住这个楔子，然后从两侧出击，拖住敌军，这个时候，敌军的楔子便无法突破我军的作战线了。

"锯子攻势"也是如此，"锯子"阵是由勇敢的军人组成，呈一直线列于敌人正面，目的是让己方陷于混乱的阵形能够重新恢复。

"球形"阵是指队伍被分割开来后，通过突然袭击忽东忽西地意图突入对方中心部位。要破解这种兵阵，一定要组成一个人数更多、实力更为强大的"球"。

不过，将帅务必注意，不要在会战开始后才变换阵形或者将部队抽调到另外一个地方去。这样做一定会造成己方部队混乱和慌张，而敌人也一定会抓住机会发动猛烈的攻击。

二十、在战场上，如果双方实力相当，那么可以布出如下7种决战的阵法。

1.将军队布成大正面的正方形。这种阵法是古今交战双方最为常见的阵法。但是，军事专家对这种阵法并不看好，因为大正面延展开去的长长的空间会对己方产生不利，地表不可能处处平坦，一旦在中央地段出现某种间隙，或者弯道，或者凹地，那么敌人便会抓住机会，发动攻击，突破防线。此外，如果敌人在数量上占有优势，便可以调动部队从两侧迂回我军的右翼或左翼，而如果我军这个时候没有足够的预备队，那么我军将面临失败的危险。

通常情况下，使用这种阵法的往往是手握重兵且战斗力较强的部队，这样一来，它才有可能对敌人实施迂回包抄战术，犹如一把钳子将敌人钳住，就像张开双臂将敌人紧抱在胸前。

这个阵法也只能是在平原地区使用，否则部队将会因为弯道或凹地的影响而遭到攻击。预备队一定要强大有力，能够支援任何一翼，能够扛得住敌人的包抄战术。预备队一定要有极强的战斗力，随时出击，保护被敌人攻击的两翼。

千万记住，在兵力不足以去攻击敌人一翼或两翼时，这一阵法不适用。

2.斜形阵法优点颇多。采用这种阵法，就算我军在有利地形上的精兵不多，就算敌人人多势众，咄咄逼人，让我军难以应对，但是我军也将获得最后的胜利。

在正面，左翼要靠后部署，置于敌右翼投射兵器的射程之外。如果我军对敌人左翼发起的包抄行动顺利的话，那么敌人左翼和中央部队将收缩。所以，如果不是万不得已，一定不要轻易动用左翼的兵力。预备队要在紧急时刻或当敌人在我方行动之前抢先行动时支援左翼。

这种阵法的部署是：在列阵的队伍即将与敌人发生冲突时，我军要将左翼调离敌人的右翼，让敌人投射的矛、箭无法给我军造成伤亡。这个时候，要命令右翼部队与敌人的左翼作战，并且开始大规模的会战。我军右翼和敌人左翼交战时，一定要派出能征善战的步兵和骑兵攻击敌人的左翼，在与敌军接触后包抄敌人，迫使敌人后退，绕到它的后方去。等到我军击败敌军，那么我军便稳操胜券，而那支远离敌人的部队将继续原地待命。

这种阵法呈类似于字母A的形状或类似于铅锤的形状。倘若敌人察觉我军的作战意图，那么我方的将帅应该将这些部队，不管是骑兵还是步兵，一律部署在列阵后面的预备队里。对于这点，我在上文已经提过了。一定要让他们整装待命，随时支援左翼。

如此一来，我军便拥有足够多的兵力，能够轻易击退敌人，而不会因为遭到敌人的猛烈攻击向后撤退。

3.第三种阵法同第二种阵法差不多，它的缺陷在于：在交战中，我军将帅要用左翼和敌人的右翼较量。可是，我们知道，左翼的攻击力是有限的，在左翼作战的队伍要对敌人发动攻击非常困难。我准备好好谈谈这个问题。就算我军的左翼非常强大，但还是要依靠最精锐的骑兵和步兵来加强。这样在作战时，我军才能够让左翼先向敌军右翼发动进攻，而且尽其所能逼迫敌人撤退并包围它。

如果其他部队的战斗力都不行，那么这些部队一定要远离敌人的左翼，以免遭到打击，同时也可以让敌人所投射的矛无法给部队带来损失。采取这种阵法，在交战时还要密切关注我军的斜形兵阵，以免被敌人的楔形兵阵攻破。

当然，这种阵法只在一种情况下对我军有好处，即敌人的右翼很弱，而我方的左翼强于它。

为采取这种战术而进行部队的调动，只有在我军的左翼强于右翼，得到精锐的步兵、骑兵的支援，并且敌人的右翼力量较为薄弱时。我军较弱的右翼应该部署在敌军左翼攻击范围之外，且要尽可能远离敌人刀剑攻击所能及的地方。

4.第四种阵法部署如下：布好阵后，在距离敌人400～500步时，我军要出其不意地命令两翼以迅雷不及掩耳之势攻击敌人。

这个时候，我军就可以在两翼迫使手足无措的敌人溃逃，迅速赢得胜利。

运用这种战法作战的前提是我军是训练有素的精锐部队，可以克敌制胜，不过，这也会带来巨大的问题，即作战的部队会暴露在中央地段，而且会让部队一分为二。如果在首轮进攻中未能击溃敌人，那么敌人便会抓住战机，对我军的侧翼和毫无掩护的中央发起攻击。

在距离敌人1200～1500英尺内，我军的两翼突然开进。这种战术会让敌人大吃一惊，敌人的战线也会被我军破坏。但是，这也会给我方带来危险，即如果初战不利，那么敌人便会调集部队向我军的两翼以及得不到任何支援的中央实施各个击破。

5.第五种阵法和第四种阵法相似，它的优点是在正面前部署轻装兵和弓箭手。在他们的防御下，部队的防线不会轻易被敌人突破。如此一来，我军就可以命令右翼部队前去攻击敌人的左翼，命令左翼攻击敌人的右翼。如果我军能够在两翼迫使敌人溃败，那么我军将获得胜利。如果我军出师不利，中央地段也不会受到严重的影响，因为在它前面有轻装兵和弓箭手守卫。

6.第六种阵法几乎和第二种阵法雷同。采用这种阵法的将帅，一般对自己部队的兵力和士气没有把握。不过，就算如此，只要他组织得好，指挥得当，也一样可以获得胜利。阵法和两翼的攻击均类似第四种阵法。它的中央位置由轻步兵和弓箭手护卫。

这种战法一般适用于部队素质较差的情况。在作战时，一定要将最好的骑兵配置在部队的右翼。因为敌人在遭到我军左翼、中央和预备队的威胁时，一定会调动右翼、中央的兵力去支援它的左翼来阻止我军右翼的猛烈进攻,如此一来,增援部队可以支持我军右翼。

当我军展开兵阵逼近敌人时,一定要用右翼直奔敌人的左翼而去,并命令最富有经验的骑兵和行动最快速的步兵立即参战。这个时候,将帅要让其他部队远离敌人的作战线,迫使敌人不得不将部队拉成像铁钎一样的直线。如此一来,在我军从侧翼和后方攻击敌人的左翼时,敌人便会因为无力抵挡而溃逃。

这个时候,敌人既没有办法从右侧,也没有办法从中央为处于困境的部队派去援军,因为我军已经呈L形展开,虽然大部队和敌人有一段距离,但是它却能够给敌人带来巨大的威胁。

不过,这种阵法要以有利地形为前提,它的一翼最好有大海、江河、湖泊、沼泽地等掩护。随后,我军的部队要排成一条直线,而暴露的一侧则由轻装兵和骑兵来护卫。使用这种阵法,能安全地实施作战行动。

7.第七种阵法适用于参战者拥有有利地形的情况。就算我军兵力不足,也不是精锐,但是我军依旧能够抵挡住敌人的攻击。这个时候,我军的一翼应该凭借有利地形的掩护,比如山岭、大海、江河、湖泊、城池(有城墙围裹的)、沼泽地或陡峭的山崖,这样敌人就无法从这一侧攻击我军。

同时,我军可以将部队排成一条直线,在没有地形条件掩护下的那一侧配置骑兵和轻装兵。这样,我军就可以全力以赴,投入战斗。因为有了自然地形的掩护,我军在另一侧集中了更多的骑兵。

但是,这也不是万无一失的做法,我们还要记住:如果我军只想用右翼和敌人交战,那就要将最精锐的部队放在右翼;如果要用左翼和敌人交战,那么就要将最精锐的部队放在左翼;如果我军要在中央地带部署"楔子",以便突破敌阵,那么就应该将最精锐的部队部署在中央。

夺取胜利往往并不需要太多的人。所以,精锐部队在富有远见的将帅的运筹下,一定会被部署在最合适的地方,这一点至关重要。

二十一、缺乏经验的将帅总是奢望着全胜。这些将帅总是喜欢将敌人围堵在一个面积不大的地方或者是将敌人团团围住,认为这样一来,敌人就没有逃跑的可能。但是,我们知道,困兽犹斗。在毫无生还的情况下,敌人会负隅顽抗。在一个人知道他即将死亡时,他的本能选择是与别人同归于尽。

对此,西庇阿有句名言:留遁路于敌而后歼灭之。一旦给敌人留下退路,那么敌人为了生存一定会不顾一切地往缺口奔去,这个时候,我军才能够毫无顾忌地追击敌人,就像猎人追赶一群猎物一般。

对追击的部队来说,危险不复存在。因为失败的敌人只顾逃命,根本没有时间和精力反击,虽然他们原本是可以拿起武器反抗的。在这样的情况下,敌人的人数越多,他们被歼灭的人数就越多。但既然恐惧已经迫使敌人放下武器,那么再去谈论这支军队兵力的多寡便没有什么意义了。

二十二、现在我们还要谈一下在敌人面前退却的问题。无论是兵法专家,还是从实践中积累起丰富经验的人们,一致认为,撤退并不会带来多大的危险。

在两支军队展开会战前就要求己方的部队撤退,这会挫伤己方将士的信心,而增强敌人的信心。但是,这种情况在现实中经常发生，所以，我们有必要来谈一谈在撤退时应该怎么样做以确保部队的安全。

首先，一定要让我军将士都知道，之所以撤退并不是因为将帅怯战。要让全军将士感觉到，之所以选择撤退是因为某种计划的要求，即将敌人引诱到对我军非常有利的地形，从而更容易战胜敌人，或者是将前来追击的敌人引入埋伏圈。

要知道，一旦将士们知道将帅对胜利没有把握，他们是会开小差甚至当逃兵的。当然，在撤退中，一定不能让消息泄露出去，以免遭到敌军的追击。为了避免这种情况出现，很多将帅往往将骑兵部署在前头，让他们分散开来，以便阻挡敌人的视线，不让敌军看清步兵撤退的情况。

在撤退时，我军要一部分一部分地将队伍向后撤，通常情况下，是先撤前面几排，让其他几排将士坚守阵地，然后再让这些人慢慢地撤下来，和先前已经撤下的部队会合。

而有些将帅则会先派出侦察部队打探好道路情况，然后趁着黑夜的掩护将部队撤走。等到天亮时，部队早已逃之夭夭，敌人无法追上。

有时候，将帅会先派出一部分轻装兵去占领附近的某些高地，然后命令全军将士朝那里开拔，如果敌人前来追击，他们便会遭到早已在高地上驻守的轻装兵和前来加强这里的骑兵的攻击。

一般认为，动用设伏的或者准备设伏的兵力去防御前来追击的敌人，是非常有利的事情。因为敌人在追击那些后撤队伍尾部的部队时往往是勇气有余，谨慎不足，而这很容易让敌人轻敌，并给敌人造成致命的威胁。

一般情况下，最佳的突击对象是那些没有做好战斗准备的部队，比如正在就餐的部队，长途跋涉而疲惫不堪、将马放出去吃草的部队，以及对可能发生的意外情况毫无准备的部队。

这是我们要引以为戒的。一旦敌人出现这样的情况，我军一定要立即发动攻击，歼灭敌人。要知道，任何一支部队陷入这样的困境，就算他们有无限的勇气和数不胜数的将士也无法摆脱失败的命运。

对于在与敌人正面交锋中败下阵来的将帅来说，虽然他的军事素养和失败有一定的关系，但是他总是可以找到为自己开脱的理由：运气不好。但是，如果他陷入敌人的埋伏圈或者圈套，那么他就难以狡辩了。因为，他原本可以采取适当的预防措施或者从间谍那里获得更加准确的情报，从而避免犯错。

在撤退时，我军还可以采用这样的对策：派出一小股骑兵，让他们沿着大路往回走，然后再派出另外一支精锐部队走别的路迂回过去。在骑兵碰上敌军时，可以迅速出击然后夺路而走。这样一来，敌军便会认为，我方的埋伏已经被击溃了。于是，他们便会毫无顾忌地往前开进。这个时候，另一支精锐部队已经从小路逼近过来，然后突然间出现在敌人面前，那么我军可以轻而易举地将敌军击溃。

许多将帅在与敌人脱离接触向后撤退时，如果前方是茂密的森林，他们会派出部队占领附近的窄道和陡地，以免遭到敌人的伏击。他们也经常把砍下的树枝在自己身后的道路上点燃（断后），阻碍敌人前来追击。

可以这样讲，对敌我双方来说，在途中设伏是有利的。撤退的部队在山谷或森林覆盖的山冈上行进，身后留下一支伏兵，如果敌人追上来，那么部队便可以掉转过来攻击敌人，配合伏兵夹击敌人，封锁敌人前进和撤退的通道。

在渡口，如果我军后面的敌人想通过河流前来追击，那么我军应当机立断想办法歼灭敌人，避免渡河时被攻击。如果是被我军追击的敌人想渡河逃跑，那么我军要加快行军速度，尽力骚扰尚未过河的那部分敌人，一定要让他们精神紧张。

二十三、古人指出，有的民族在布阵时使用骆驼，就像生活在阿非利加内陆的乌尔齐利安人或者马齐克人，事实上，他们到现在还这么做。

据说，骆驼适合于沙漠：它们可以在沙土满天飞的环境中准确地辨认道路。然而，对于从未见过骆驼的人来说，除了骆驼的外形有些怪异，它在战争中的表现却很一般。

重装骑兵因为穿戴着沉重的护具，所以不太容易受伤，但是装备太重会导致重装骑兵行动缓慢，容易被俘。在交战中，他们通常对付敌人散开的步兵，他们的阵地在军团前端，或者和军团的其他骑兵混杂一起。在两军进行白刃格斗时，他们经常可以起到冲散敌人队伍的作用。

二十四、在作战中，安条克和米特拉达悌两位国王都曾用过马拉双轮战车（4匹马拉）。

这种战车刚进入战场，就给敌人造成了巨大的恐慌，但是后来它却成为战场上的笑柄。因为这种战车只能在平坦的战场上使用，而一点点的障碍物都会让它动弹不得。此外，如果其中的马匹出现意外，哪怕只要有一匹马伤亡，这辆战车也就成了废物。对于这种战车，罗马人想出了应对之策，即双方一交战，立即朝战场投掷大批捕兽器。敌人的战车逼近过来撞到这种捕兽器后，立刻车翻马亡。

这种捕兽器是一种防御型工具，它上面有4个尖尖的大铁钉。无论你如何抛掷出去，它总有3个钉子扎到地里，而第四个钉子则朝上翘着，正是这枚钉子给敌人的马造成伤害。

在战场上，有些人还使用大象。大象，身躯硕大，吼声惊人，它奇特的外形让人和战马都惊恐不已。首先将大象投入战场的是皮洛士人。他们在卢卡尼亚与罗马军队作战时，使用大象。随后，汉尼拔在阿非利加、安条克国王在东方、朱古达在努米底亚都曾使用大象作战。

为了应付大象作战，人们想了许多办法。比如在卢卡尼亚，有人用剑削掉了大象的鼻子；有人将两匹身披铁甲的战马套上双轮战车，然后让身穿护甲的军士往大象身上扔长矛。由于马匹有铁甲护身，坐在大象上的弓箭手所发射的箭镞伤不到它们，而身穿护甲的军士靠着奔跑的战马不会受到大象的冲击。有人派出身穿铁甲的勇士去对付大象，这些人的护肘上、头盔上、护肩上都有很大的尖头铁钉，如此一来，大象就不能用鼻子去卷住并攻击士兵。

不过，古人对付大象的主要办法是组织韦利特去实施攻击，这种方法最为有效。韦利特是一些身体非常灵巧的年轻的轻装兵，他们马术高超，能够熟练投射标枪，有时候，他们骑着高头大马从大象身边疾驰而过，用带有宽枪头的很坚固的标枪刺杀大象。

后来，这些人胆子越来越大，他们聚集在一起，然后向大象抛掷长矛，杀死大象。此外，投石手会抛射专门的圆石来射杀驾驭大象的印度人，去捣毁印度人的座位，将他们杀死。这是对付大象较好的手段。

如果在战场上碰到大象，最好将它们当成强敌，士兵们最好退让，留出通道让它们跑过去。在象群来到兵阵中央时，部队应该从四面八方聚拢过来，将大象和象背上的敌人一并俘虏。

有时候，要在兵阵后面部署弩炮车，它的体积要比一般的弩炮更大些，这样它们才能把矛抛射得更远，破坏力更大。弩炮是安置在战车上的，每辆战车配置两匹马或者两头骡子。在敌人的大象冲过来时，可以使用弩炮对付大象。要注意的是，攻击大象的矛要特别制作，它们应该带有更宽更结实的铁矛头，这样才能增加杀伤力。

我们在这里讲述了许多有关对付大象的办法，其目的只有一个，即一旦有需要，大家就能知道如何对付大象。

二十五、一定要记住，倘若我军一部分军队打胜仗了，但是另一部分却被打跑了，这个时候将帅一定不要丧失信心，因为在这样的艰难处境中，如果将帅坚韧不拔，定会转败为胜。

这样的事情在战争史上屡见不鲜，最后的胜利往往属于那些始终保持高昂斗志的人。在双方实力相当的情况下，一般认为，谁能够忍受失败，谁就是强者。但愿你可以先于别人从被击败的敌军手里夺下武器，像人们所说的那样前去打扫战场；但愿你能够先于他人用呼喊声和嘹亮的号角来庆祝胜利。你一定要拥有坚定的信念，震撼敌人，鼓舞己方将士的士气，最终摘取胜利的桂冠。

但是，如果因为某种不幸，你的部队在战斗中被击溃，不要灰心丧气，你还有不少人可以使用，能够力挽狂澜，转败为胜，只是你要寻找可靠的途径。

的确，对于一个富有远见的将帅来说，在正面会战开始前，他一定要先预见失败的可能性（这在战机和人的命运变幻莫测的情况下完全是常态），他要考虑如何才能够避免遭受重大的损失，也要思考如何让失败的部队获得救援。

只要战场周围有丘阜，只要后方有坚固的工事，只要其他人在撤退时还有为数不多的将士在坚守阵地，那么我军就能够获救。

溃败的部队在恢复实力后转而攻击分散地、毫无秩序地追来的敌人也很常见。

在人们沉浸地欢庆胜利时，突然间遭遇敌人的猛烈进攻，英雄气概霎时间被恐惧代替，对于一般人来说，这种变化比其他东西更让人恐惧。总之，无论交战的结局如何，将帅都要将残部聚集起来，然后鼓舞他们，让他们重新拿到武器，并下定决心继续作战。将帅要重新积蓄力量，寻找新的盟友。

还有一点极为重要，即在捕捉到有利时机后，借由隐蔽的设伏，给敌人以突然袭击。这有助于提高部队的士气。在战场上，这样的机会肯定是有的，因为胜利者往往会被胜利冲昏头脑，过度自信，进而失去应有的谨慎。

对于认为失利就是失败的人，我想奉劝他们好好想一想，难道起初失败而最终胜利的人是不幸的吗？

二十六、作战规则。一切交战和征战的主要规则如下：

1.对己有利的，对敌应有害；对敌有帮助的，对己必有害。所以，我们不要做或者不去做符合敌人意愿的事，而应该只做或者去做我们认为对自己有利的事。倘若我军去效仿敌人为自己的利益而做的事，那就等于反对自己。反之亦然：如果敌人效仿我军的做法，结果一样，因为我军希望自己所做的事刚好是反对敌人的。

2.战时要更多地关注夜间巡逻和巡查哨,平时严格要求所属人员加强训练的将帅,陷入险境的可能性就少。

3.绝不要让未经考验的人去面对敌阵。

4.尽量让对方粮秣不敷使用,对敌人实施突然袭击或威吓是克敌制胜的上策,交战则属下策;交战中通常更能发挥作用的与其说是勇气,不如说是运气。

5.最好的计划是直到我军付诸实施之前敌人对此一无所知者。

6.在战争中,有利的时机通常较之胆量更值得依靠。

7.如果我军能激励敌军向我军投降,而且他们这样做是出于真心,那就会增强我军对胜利的信心。如果敌营中有人逃跑,这带来的影响比有人战死所带来的影响大得多。

8.在兵阵后部保持较多的预备队,比加宽或拉长兵阵更加有利。

9.善于正确判断敌我双方实情的将领将立于不败之地。

10.人多势众不如骁勇善战。

11.得地利之便比勇敢无畏更加有利。

12.天生的勇士少有,大多数人是通过实践和良好的训练变成无畏者的。

13.勤劳刻苦会让军队士气高昂,懒散怠惰则让部队颓衰羸弱。

14.切莫将一支将帅认为其对胜利缺乏信心的队伍投入交战。

15.突然性会令敌人惊恐,循规蹈矩作用平平。

16.轻率追击会造成己方队伍混乱,将领如果这么做等同于将已经到手的胜利拱手奉送给敌人。

17.对于未准备好粮草和一切必需品的军队,不用动武我们便能胜利。

18.如果兵力和士气均胜过敌方，可以使用正方形兵阵战之。此为阵法之一。

19.如果我军不如敌方，可以右翼攻敌之左翼。此为阵法之二。

20.如果确认敌之左翼实力很强，可攻击敌之右翼。此为阵法之三。

21.如果部队训练有素，应在两翼开启战斗。此为阵法之四。

22.如果轻装部队精锐，可在阵前部署轻装步兵和弓箭手，对敌两翼实施攻击。此为阵法之五。

23.如果部队之兵力和士气皆不足信，而又必须投入战斗，可以用我军之右翼攻敌之左翼，而将其余部犹如铁钎一般拉开。此为阵法之六。

24.如果我军兵力不足，士气不高，就采用阵法之七，但一侧应有山冈，或城池，或海洋，或江河，或其他无法逾越之障碍可依托。

25.如果确信自己的骑兵兵力较强，可寻找适宜于骑兵作战的地形，战斗中多凭借骑兵取胜。

26.如果我军的步兵足以信赖，可选择适宜于步兵作战的地形，以步兵部队为主力作战。

27.如果有敌奸细潜入营地，可于白昼下令所有人员各归营帐，奸细会立即暴露。

28.一旦获悉你的计划已由叛徒泄漏给敌人，自然应当变更计划。

29.应该怎样做，可以找许多人商议；准备怎样做只能同最可靠的少数人商议，最好还是同自己商量。

30.在驻地，恐吓和惩罚使士兵守规矩；作战时，使他们成为英雄的则是鼓励和奖赏。

31.优秀的将帅只在情况有利或十分必要时才下决心投入正面交战。

32.兵不血刃、以饥馑屈人之兵者，乃为上。

33.要让敌人不知道我军将帅将会采取什么方式与之交战，以免他们有的放矢地采取相应的措施。

关于骑兵，古人也有很多作战经验。但是，考虑到现在的骑兵部队，不管是从训练实践、武器种类，还是马匹的品质方面都已超过了古代，所以，我认为没有必要将相关的经验摘录出来，更何况现在的骑兵训练教材已经做得很不错了。

攻无不克、战无不胜的皇帝陛下，上述这些基本原则都已经经过历史的检验，古代的军事作家们所阐述的事例是可靠、可信的。陛下娴熟的箭术让波斯人叹为观止，而陛下的骑术则让匈奴人和阿兰人羡慕，您骑马时那种灵活和姿态之美妙令人陶醉。您奔跑的速度就连萨拉森人和印度人也望尘莫及。您的运筹帷幄让罗马帝国的高级将领倍感佩服，他们渴望能够获得其中的一鳞半爪。

我奋笔疾书的目的就是希望罗马帝国的皇帝陛下能够将这些非凡的经验和战斗的规则，即制胜的规则融会贯通，因为不管是从您大无畏的气概来看，还是就您那非凡的智慧而言，您都是整个罗马帝国，崇高的履行军人职责的楷模。

内容提要

本卷主要讲述城镇的构筑、防守问题。作者从城市的起源讲起,然后论述了城市在军事中的作用。作者讲述了城市的攻防要点,并举了大量的攻城器具、攻城战术、防御器具、防御战术。

原始时代，处于野蛮而未开化的人们跟那些野生动物之间的首要区别便是有无城市。

城市的共同利益的概念反映在"国家"一词中（共和国等于共同的事业）。

所以，最强大的民族和神圣的统治者将建造新的都市或者扩大别人建立的城市让它威名远扬，当作最高的荣誉，并时常用自己的名字命名。在这项伟大的事业中，这顶桂冠非陛下您莫属。

在以前，统治者建造的都市屈指可数，有的穷尽一生也不过拥有一座城市而已，而陛下您缔造的城市不可胜数。那一座座拔地而起的城市，好像不是人们用双手建造起来的，更像是由神祇挥手而就。

您福星高照、谦虚谨慎、清正廉洁、文质彬彬、热爱科学，在这些方面，你远超古代君王。您治理国家的政绩，您那刚毅性格的风采，我们都亲眼所见。先辈们曾经热切盼望的、并憧憬了无数日夜的未来，我们都已经拥有。我们能够向世界宣称：祝贺它有了只有人类的智慧才能希冀求得、唯有上苍的仁慈才能恩惠赐予的福祉。

建造城池是多么艰辛的艺术！罗马城因为您的眷顾而成为这种艰辛艺术的见证。曾几何时，罗马城因为卡皮托利尼堡垒护卫而保卫过公民，进而光荣地统治整个世界。

为了完成陛下交给我的神圣任务，我要按照一定的规章程序列举我从诸多著名作家那里搜集到的箴言教诲。它们将告知我们如何护卫自己的城市，如何摧毁敌军的城池。倘若我这么做能够给大家带来裨益，那么我将为我的辛勤著述而感到欣慰。

一、都市和城堡，如果得到天然的护卫或者拥有人工建筑，或者拥有二者兼而有之的屏障，那么它们将更加牢不可破。如果城市耸立在高地之上，耸立于悬崖峭壁之上，或者它们被大海、沼泽、河流围绕，那么我们便可以这样认为，它们得到天然屏障的护卫。人工屏障则主要是指壕沟和城垣。前者因为有优越的自然条件，为了安全保障只需要认真选择地形即可，但是，在广阔的平原上，城池则需要人工屏障。

我们见过许多建筑在广阔平原上的古老城市，虽然它们所处的地理位置并不理想，但是凭借创造者的努力和技艺，它们变成了难以攻克的堡垒。

二、古人认为，城堡的外墙绝对不能建成一条直线，要不然一定会遭到攻城槌猛烈的撞击。古人在奠定垣基时经常用凸缘和敌台掩护城墙，同时在每个城角上竖起若干塔楼。

如果有人移动梯子或者机械靠近经过精心构筑的城墙，那么守城的将士便可以从正面和多个侧面击溃进攻的敌人，甚至可以出兵攻打敌军的后部，让敌人像困在口袋中一样。

三、要避免城垣遭受毁坏，应该按照以下的方式来建造城墙：城墙内部要修筑两道墙，二者之间相隔20英尺左右；把掘壕挖出的泥土堆放在两道墙之间，并将其夯实，最靠近外部的堡垒的那道城墙比第二道城墙要高一些。从城墙沿着阶梯模样、一步步升高的台地就像平坦的斜面，可以顺着它登上最前面的堡垒。

这样一来，它就能挡住任何攻城槌的攻击。因为它牢牢地固定在大地上。而如果说有什么东西将城墙中的石头击坏了的话，那么存于石块之间的泥土会像一堵铜墙铁壁一样挡住进攻者。

四、要防止敌人放火烧毁城门。为了避免城门被敌人烧毁，我们应该在城门上裹上潮湿的兽皮和铁片。后来，古人在城门上方修筑了一道可以向前伸出的工事。如果有人钻进城门，我们就可以放下一道格栅（闸门），格栅用铁环和绳索吊着，它的功用在于，一下放格栅就能将钻到这里的敌人消灭掉。

城门上方的城墙一定要挖洞孔，一旦城门着火，人们可以立即往这些洞孔倒水，扑灭火势。

五、在城市前方要挖出宽而深的壕沟，以至于围城的敌人无法轻而易举地填满填平。如果往壕沟灌水，那么便可以防止敌人挖地道。这样的壕沟能够从两个方面防止敌人实施坑道作业：一是它本身的深度；二是用灌水的办法将坑道淹没。

六、要采取一切措施让众多的敌方弓箭手哪怕将受惊的守城者从工事上赶走，并架上云梯也无法登上城楼。要做到这点，就得让城里的居民准备尽可能多的铠甲和盾。然后，将士们要将双层草席或山羊皮毯立起来，用以阻挡敌军的箭镞，我们至少要让敌人的箭镞或标枪难以穿透摆动着的遮蔽物。

对于敌人的攻城战术，人们还想出了另外一种办法：将各种材料编织出一种叫作"梅塔拉"[1]的框子,装满石头,将它们丢放在两个雉堞之间。然后算好时间,一旦敌人开始爬梯子,他们就将这些"梅塔拉"朝敌人头顶上砸去。

七、守城和围城的方法举不胜举,我将在谈到它们的时候再谈。现在,我要指出,围城有两种办法:一种是所占据的地理位置非常有利,能够不断发起突袭以袭扰守城方;另一种是要么切断守城方的水源,要么等待守城方弹尽粮绝投降。不能让守城方轻而易举地获得粮食补给。

如果实行这样的围城方式,围城方可以竭力从围城中解脱出来,也比较安全,但是他们却能够让守城方困顿不堪。所以,当地人只要有一点点的可能,就要将所有的粮食运进城里,解除城里的粮食危机,而让围城方缺粮,进而迫使他们撤兵。

人们一定要将猪及所有无法圈养的牲畜统统宰杀掉,再腌制起来。如此一来,人们不仅有了充足的肉类,还能够减少粮食消耗。城里还可以养鸡,因为开销不大,但鸡对伤员来说却非常重要。守城者还要重视马匹饲料的储备,如果无法运走,一定要将它烧掉。

酒、醋、各种水果,像苹果等要设法集中储备。一句话,凡是一切有用的东西一定不要留给敌人。

如果收成好,但是人们却不能在优秀人才的帮助下合理地分配这些粮食,以至于无法保证人们的健康,那将是极为有害的。有些人在衣食无忧的情况下,仍然节俭持家,他们就不会忍饥挨饿。

---

[1]据说这"梅塔拉"便是"夜壶"。

在守城的过程中，经常发生这样的事情：普通老百姓被守城将士赶出城门。这是因为，不管从年龄上还是从性别上，普通老百姓都算不上是军人，将他们赶出城门，才不会让守城将士忍饥挨饿，最终被饥饿拖垮。

八、沥青、硫黄、树脂、被称作燃料的液态油（石油）等要储备充足，以便用来烧毁敌人的机械。为了锻造兵器，仓库里要储备充足的生铁（用作冷热加工）和煤。要提前准备好制作矛和箭的木料。要尽力前往江河搜寻大块的石头，因为跟陆地上的石头相比，江河里的石头更重，投掷出去的杀伤力更大。要在所有城头和塔楼附近备好各种大小石头，小一点的石头可以通过投石带、棒投器抛射出去，也可以手投；大一点的石头可以借助弩炮打出去。最为重要的是，将士们可以将它们推到胸墙边，从城头往下推，如此一来，它们不但可以砸死前来攻城的敌人，而且可以砸坏敌军的攻城器具。

九、要准备好制作大轮子的木料，或者用锯好的大段木材制作圆柱形的滚木。为便于滚动，轮子和滚木一定要打磨光滑，这些东西会顺着斜坡以迅雷不及掩耳之势滚向敌军，让敌军吃尽苦头，也让敌人的战马受到惊吓，起到瓦解敌军斗志的效果。

手头要有充足的木头、木板和各种尺寸的铁钉。对付围城敌人的器械，自己一定要有应对的工具，尤其是那些在紧急时刻可以加固城墙、修筑城垣的器械。只有这样，敌人才难以爬上城头，攻克整座城市。

十、要准备尽可能多的绳索。因为绳索很重要，它能将各种弩炮和其他投射器具绷紧，如果没有绳索，这些武器便发挥不了应有的作用。当然，女人的头发也有作用，这点已经由当年罗马身处困境的实践证明了。在卡皮托利尼陷入敌军的重重包围之时,由于守城将士长时间地拼命抵抗,投射器毁坏殆尽,而后备的绳索也消耗殆尽。在这种情况下,罗马的主妇们便拿起剪刀剪掉自己的长发,支援奋战的守军。于是,投射器修好了,而敌人的进攻也最终被击退。

这些端庄贤良的罗马女人宁愿暂时成了光头,和自己的丈夫并肩作战,也不愿意保留一头秀发而惨遭敌人的凌辱。此外,还要争取多储备兽角和生兽皮,用来制作铠甲和各种机械设备。

十一、如果一座城市在垣墙之内有取之不尽的水源,那么它便占有一定的优势。如果城市没有这种水源,那么只能人工挖井,无论多么深也一定要挖井,然后用桶和绳子汲水。

有时候,城市被山冈和悬崖围绕,气候很干燥的时候,驻守在小丘上的警备部队只能跑到山下去找水源,为此,驻守部队一定要通过碉堡的射孔和塔楼用弓箭来掩护挑水的人,并保证他们能够安全地往驻地送水。如果水源不在弓箭保护的射程之内,那么只要水源依旧在城市所在的那个斜坡上,就应当在城市和水源之间修筑小型工事(堡垒),在里面部署若干弩炮、配备弓箭手,防止敌人来抢水。

在所有的公共建筑物内,将士们一定要像诸多私人房舍主人那样,用心地建造蓄水池,以便下雨时储备雨水。要知道,对被围困的城市居民来说,只要有一点点水就心满意足了。

十二、如果城市地处沿海地区,但是城市食盐短缺,那么守城将士一定要用盘子和其他器皿装满海水。因为将它们放在太阳底下晾晒,海水会凝固成食盐。如果敌人不让守城将士靠近海边(这是经常发生的),那么还可以储备一些暴风雨时由海上推到岸边来的沙子，一旦城池被围，可以用淡水冲洗这些沙子，然后利用蒸发，得到盐块。

十三、如果下定决心攻打城池或者决定向工事发起冲击，那么这种惨烈的战斗对双方而言，危险性是相同的。不过，从流血的角度上看，进攻方会多一些。

执行突入城池内部的攻城部队一定要先布好阵地，然后把各种会造成恐怖场景的工程设备排列起来，力求一举攻破城池。这一定会让战场的气氛更加惊心动魄，真可以说是鼓声、号声、呼喊声齐鸣，杀声震天。

这个时候，如果守城的市民们因为围城方的浩大声势而恐惧，进而不知道应该如何进行斗争，那么围城方就可能会乘机将云梯推到城边，并最终攻入城内。但是，如果围城方的第一次冲击被富有经验的守城将士挫败，那么守城方将士气大振。这时候，围城方所制造的恐怖气氛便不会产生多大的作用，他们只能依靠实力、各种技艺和指挥艺术获得最后的胜利。

十四、攻城开始，围城方的龟背车、攻城槌、镰钩篙、带顶通道车、栅栏车、舟车、碉楼车等各种攻城用具都会朝着城池逼近。对于这些器械，我将逐一进行介绍，讲述它们各自的构造、用途以及对付它们的方法。

十五、龟背车是用长方木和木板制作而成的。为了避免被敌人放火，人们用生兽皮、奇里乞亚山羊皮毯或一块一块缝制而成的盖布将它罩起来。

在龟背车顶盖下面则放着镰钩篙。由于篙的一端扎有弯弯的铁钩，所以它又得名镰钩篙。它的作用是从墙里面把石头钩出来。有时候，篙头要包一层铁，如此它便成了攻城槌。

人们之所以称它为攻城槌或许是因为它有一个硬邦邦的"额头",这个额头能够捣毁城墙,当然也有可能是使用它时,要依照大公羊的样子,先朝后退几步,然后以更加强大的力量和更快的速度向前撞击。

龟背车的名字由来,是因为它的形状尤其像真正的乌龟,一会儿将脑袋伸出来,一会儿却又缩了回去,活脱脱的一个乌龟。它一会儿后退几步,一会儿又将攻城槌推向前去,更有力地去撞击城墙。

十六、带顶通道车就是古人所说的"攻城车",跟现在士兵和蛮族所说的"卡乌齐"[1]一样。这种器械是用轻木料组合而成的,它宽8英尺、高7英尺、长16英尺。它的顶是用木板和双层树枝做成的,两侧则是用树条编就而成。这样,它就能够在遭到敌人的攻击时不至于被石块和矛穿透。为了不被敌人投射过来的燃烧物点着,它的外层则包裹着潮湿的、刚刚剥下来的兽皮,或者用破布片缝成的覆盖物。如果攻城车数量较多,它们便会排成队列逼近城池,而攻城的将士则在它们的掩护下,较为安全地靠近筑城工事,捣毁敌人城垣的墙基。

攻城将士坐在攻城车上逼近城墙,利用它来抵挡箭、石头或矛,将守城者从胸墙赶走,力求获得有利的战机,架上云梯爬上城墙顶部。由于箭和矛都是从城垣上投射过来的,所以,攻城将士可以对着城垣,用泥土、木头修筑土堤。

十七、舟车,是一种体积较小的攻城器械。将士们在它的

---

〔1〕"卡乌齐"是个马其顿语词,意思是"宽边帽",用来遮太阳的,也含有"顶盖"之意。

掩护下，可以摧毁守城者的坚固防御工事。此外，它也能用石头、木头和泥土填满壕沟，并将其夯实，为活动碉楼车贴近城垣开道。

十八、（活动）碉楼车是用树条和木板制作而成的。从外形上看，它像是一幢建筑物。为了避免敌人纵火焚烧如此庞大的攻城器械，人们在它的外面盖上一层生兽皮和由布片缀成的覆盖物。这种车车体很高，宽度很宽。

它的高度不但超过了城墙的高度，甚至要比城墙上石砌的塔楼高。车体下方要装上许多轮子，否则它是没法办法前进的。攻城方如果拥有这样的碉楼车，那么将对守城方形成直接的威胁。

每座碉楼车里都有许多梯子，有些梯子可以通过各种办法伸入城里。碉楼车的下部还有攻城槌，能够捣毁城垣，中部则放置用两根长杆和编好的木条做成的（跨）桥，通过它能搭在碉楼和城墙之间；上部则藏着携带长矛和弓箭的士兵。他们在碉楼上向守城者投掷标枪、石块等，以杀伤守城者。

很显然，如果攻城部队采用这样的方式攻城，城市将在短时间内沦陷。守城方将全部希望都放在高高的城墙上时，突然间眼前出现一座比城楼更高的碉楼车，如此，他们还有什么办法来保卫自己的城市呢？

十九、虽然对付碉楼车较为困难，但是守城方还是有许多办法来防御的。首先，如果守城部队战斗力强，且同仇敌忾，很有勇气，那么他们可以采用突袭的方式击退敌人，将碉楼车上的兽皮剥下来，烧毁这个庞然大物。如果守城部队不敢出城作战，他们也可以使用大型弩炮抛射带火的箭镞（燃火箭）或着火的矛（火矛）攻击碉楼车，让它们击穿兽皮，点燃木材，烧毁碉楼车。燃火箭是一种可以钻到车体内燃起火来的箭镞。火矛和矛很像,它的头部装有一个很牢固的铁帽,在铁帽管和矛杆之间则装着硫黄、沥青、树脂,此外,它还缠着涂了油的麻絮,这种油是可燃物。火矛通过弩炮射出去后,会穿破硐楼车的保护层,点着木材,如此一来,便能将硐楼车烧毁。有时候,守城方可以趁着敌人呼呼大睡时,带上火种用绳索从城墙上吊下去,然后靠近硐楼车,将车点着,然后重新回到城里。

二十、其次,守城部队可以针对攻城部队的硐楼车的动向,将城墙增高。守城部队可以利用混合土和石块,甚至用黏土、砖头,如果材料有限、情况紧急,则可以用木板加高城墙。总之,一定不能让敌人居高临下攻击守城部队。如果说硐楼车的高度远低于城垣,那它将不会对守城方构成大的威胁。

面对守城方的种种应对措施,围城方也会想尽办法来应对。比如,他们会先准备一辆高度看起来好像比城墙上的射孔还低的硐楼车,暗地在硐楼车里藏着另外一辆木质的小硐楼车。等到硐楼车靠近城墙时,他们会突然用绳索和滑轮将暗藏其中的小硐楼车拉起来。这个时候,全副武装的攻城部队便从小硐楼车里跳出来,由于小硐楼车比城墙高,攻城将士便可以登上城头,攻占城市。

二十一、有时候,守城方也想尽办法对付硐楼车,他们制造出一种长长的包有铁皮的方木,然后推出城去,撞击攻城方的硐楼车,不让敌方靠近城墙。记得有一次,罗得人的一座城池被敌人包围,敌人推出了一辆体积庞大的硐楼车,那辆大车比城墙和城头上的所有塔楼都高。

城池危在旦夕,就在这个时候,一个聪明的机械师想出了一个办法：塌陷法。守城将士在城墙脚下挖一条地道——通往碉楼车第二天将要经过的地方。然后，守城方偷偷地在那块地方下面挖土，将土运走，只留下薄薄的表层。结果，第二天战斗开始后，这个庞然大物轰隆隆地往前行进时掉进了地道。如此一来，它压根儿动弹不得。最后，敌人只好撤兵离去，而罗得人也获得了守城战的胜利。

二十二、要对付碉楼车，还可以采用这样的办法：在碉楼车逐步靠近城池时，投石手用石块，投射手用标枪，其余的人用各种弓弩发射箭镞，长矛兵投掷铅球和矛，通过强大的攻击力将敌人逼退。

在攻城中，企图爬梯子登上城头的人是冒着巨大的生命危险的，比如第一个发明用梯子来攻城的卡帕涅伊，他在攻城时被菲旺人击杀。由于当时这一击的力度很大，以至于流传一种说法，说他好像是被闪电杀死的。

围城方登上城墙靠的是云梯、斜桥和杠杆。

云梯和竖琴差不多，竖琴上有琴弦，碉楼车旁的横木上也系着缆绳，通过借助滑轮梯子可以自由移动。只要梯子靠上城头，攻城将士便可以立即从碉楼车里跳出来，顺着梯子，爬上城头，与守城将士激战。

斜桥，跟我在前文中所说的跨桥是一样的，因为它是突然从碉楼车中部向斜刺里伸出搭上城墙的，所以才得名斜桥。

在军事上，杠杆是这样一种作战工具：在地里埋下一根很长的柱子，在这根柱子上端横向固定一根更长的木头，这根横着的木头的中间要恰好固定在柱子上，以保持平衡。当木头的一端朝下压时，另一端就会往上翘起。在木头的一端挂着一个用树条或木板做成的筐子，这里面可以装下数名全副武装的军士，再将绳子的另外一端往下扯，坐在筐子里的人就会翘起来，然后爬上城头。

二十三、对于围城方的上述这种作战方法，守城方也有应对之策，他们会用各种弩炮、蝎式弩、弩弓、棒投器（弓箭手备用的）来攻击进攻方。

有一种弩炮是以动物的筋制成的，其两端的距离越长，射程就越远。但凡弩炮的制作与力学原理相符合，而射手又富有经验，深得其中奥妙，那么就能百发百中。

另一种弩炮是用来抛射石头的，石头的重量和绳索的粗细与长短成正比；绳索越粗越长，所抛射的石头就越大，力度也越大，它的飞行速度犹如闪电一般。弩炮抛射出去的大石头不但会砸伤砸死人和马，而且能砸毁敌人的攻城器械。

几乎没有一种投射武器的力度能与这两种弩炮相比。

蝎式弩[1]，也就是我们所说的手弩。之所以称它为蝎式弩，是因为通过它发射出去的箭虽然又细又小，但是却能够杀死人。

关于棒投器、弩弓和投石带，我不打算多谈，因为我们现在还在使用它们。

二十四、用来对付攻城槌和镰钩篙的方法也数不胜数。有人会在攻城槌要撞击的地方放置覆盖物或褥垫，以至于攻城槌先撞击这些软绵绵的东西，撞击城墙的力度大为减小。

---

[1]蝎式弩，原本是古希腊人发明的一种轻弩炮，以射击准确闻名，后传入意大利，成为罗马共和国至罗马帝国中期军队中广泛使用的投射机械，与投石机有明显区别。

而有些人则会用绳圈将攻城槌套住，然后找来一大批人用力将它拉过来，这给攻城部队造成巨大的困扰。还有人则在绳索上系上铁钳子或带尖齿的夹钳，用它钳住攻城槌，或者迫使它掉转方向，或者让它头朝上翘起，让它无法撞击城墙。

有时候，守城将士会在城墙上来回晃动石头柱子等重物，然后猛然往下扔去，用这些东西砸烂攻城槌。不过，如果攻城槌的力量确实足以撞穿城墙的话，这也是经常出现的事情，甚至有的城墙倒塌了，但是守城方依旧有获救的希望：如果守城将士将靠近城墙的房了拆掉，那么等同于又在敌人面前修筑起一道城墙，如果敌人冒险闯进来，那么他们便会陷入两堵城墙之间，遭遇被围歼的危险。

二十五、围城方还可以采用另一种攻城方法：隐蔽的地下攻城法。这种攻城方法也叫作钻洞法，它的别名是"兔子钻穴"。我们都知道，狡兔三窟，兔子喜欢在地底下挖很多个洞穴，在里面藏身。倘若围城方人多势众，他们会调集很多人挖地道，这种行动就好像人们在寻找金矿、银矿的矿脉时挖掘矿坑一样。如果敌人所挖的地道顺利完成，那么这等同于给城里人建造了一条送葬之路。

挖好地道后，围城方可以采用两种办法来达到攻占城池的目的。他们可以乘着夜色从地道潜入城内，对毫无戒备的市民发动进攻，打开城门，让自己的主力部队进城，然后迅速杀向那些还没有搞明情况的敌人；他们也可以通过地道来到城垣墙基前，刨出一大块墙基，然后将一些干燥的木头放进去，让即将倒塌的城垣不至于倒塌，紧接着将各种枯树枝和其他燃点较低的材料堆放在上面，最后点火燃烧这些东西。在执行这项行动时，要随时报告主力部队，让他们做好进攻准备。经过燃烧的城墙会轰然倒塌，如此一来，便能为主力部队的开进打开一条通道。

二十六、历史一再证明，突入城里的围城部队常常有来无回。出现这种情况的原因在于，城里的军民仍然控制着城墙和塔楼，依旧占据制高点。突入城里的围城部队会遭到城里全体居民的袭击，城里的居民，上至耄耋之人，下至小孩，不分男女，都会从窗户里、从楼顶上朝敌人投去石块和其他各种投掷器材。

对此，围城部队一定不要四面围困城门，而要适当地放开一两个口子，好让城里的军民外逃，从而减少攻城部队的损失。我们知道，在绝望的情况下，军民往往会表现出非凡的勇气，他们会不惜一死，控制住城墙和塔楼，占领制高点，与围城部队抗争到底，最终给围城部队带来巨大的伤亡。

二十七、有时候，围城方一时攻不下城墙便会假装撤军。他们一看到守城军民中计，彻底放松警惕，连城墙上的岗哨也不设置时，便火速掉转方向，乘着黑夜，直奔城墙而来，最终攻占城池。所以，在敌人撤退时，守城方一定要万分谨慎，一定要继续在城墙上、塔楼上设置岗哨，修筑岗哨亭，以便哨兵能不畏严寒酷暑地观察敌情。

残酷的战争还让人们养成了一种习惯：在塔楼里喂养几条狗，这些嗅觉特别灵敏的狗能够觉察敌人逼近的情况并将该信息通过吠声告知守城方。鹅也具有这样的军事价值，它是一种十分灵敏的禽类，它会通过叫声通知守城方敌人在夜间发动突袭的消息。在卡皮托利尼城战役中，高卢人夜袭罗马人，要不是一大群马利鹅洪亮的叫声将高卢人吓退，那么罗马人可能便不复存在了。出于惊人的警觉或者某种机遇，一群禽类竟然拯救了注定要去统治整个世界的那批人的命运。

二十八、围城战也好，其他各种形式的战争也好，都要动用一切力量了解敌人的习惯。这点尤为重要。比如说，你要知道敌人会在一天中的哪个时候停止行动，敌人在什么时候精神状态最为松懈，有可能这个时间是中午或傍晚，有可能是夜间，也有可能是开饭的时候。

如果你不了解前述这些情况，那么你就不可能选定有利的伏击时机。在实战中，如果围城方发现了守城方精神松懈，那么他们便会故意停止进攻，让守城方放松警惕。在守城方彻底松懈时，围城方便会突然间发动进攻，将工程器械迅速地推到城墙边，架上云梯，然后攻占整座城市。

所以，不管在什么样的情况下，城头上一定要储备充足的石块和其他的投掷材料。一旦发现围城方发动进攻，守城方要立刻抓起石头往敌人的头上砸过去。

二十九、如果围城方的部队也出现这种懒散现象，那么他们也极有可能遭到类似的攻击。在他们醉心于饮食或者睡觉时，因为无所事事或者因为某种需要而分散行动时，守城方可以抓住机会反戈一击，将毫无准备的围城方打得四处逃窜。守城方还可以趁机将围城方的攻城器械烧毁，将其他攻城设备、攻城工事捣毁。

为了防止守城方做出这种举动，围城方要将壕沟挖在守城方弓箭的射程之外，而且要在外侧用围子和桩柱，甚至小塔楼加固。万一守城方发动突然袭击，这些围子和桩柱可以抵挡一阵子。这种设置叫作洛里卡（小胸墙）。

三十、投掷器材，如铅球、石头、标枪、长矛等，只要从高处往低处扔去，它的力度就大。不管是张弓射箭，还是用手、投石带或棒投器投掷石头，它们的射程和投掷距离都和投射点的高度有关，即投射点的高度越高，其落点就越远。

各种弩炮在富有经验的人的操作下，威力无比。在它们面前，不管是勇敢精神还是别的防御工事，都难以让将士们逃脱被攻击的命运。它们的破坏力巨大，不管是什么设施，一旦被击中，下场只有两种：要么被击毁，要么被穿透。

三十一、攻城梯和攻城器械在攻占城垣方面发挥着巨大的作用，但是有一点需要注意，它的高度一定要超过城墙上防御工事的高度。这个高度可以通过两种方式来认定：一是取一支箭，在箭头上系上一根能够任意延伸的亚麻绳，然后将这支箭射往城墙，亚麻绳的长度便是城墙的高度；二是在太阳落山西斜的时候，塔楼和城垣会在地上投下它们的斜影，这个时候，可以在不被敌人察觉的情况下前去测量一下这个影子的长度，同时在地上竖起一根10英尺高的杆子，用同样的办法来测量这根杆子的影子的长度。这个时候，我们便可以通过这根杆子的影子来确定城墙的高度。众所周知，某一物体投下的影子的长度取决于该物体的高度。

我认为，我在这里论述军事作家们的有关围城和守城的观点或者那些已经被近期经验所验证的内容，目的只有一个：为了公众的利益。此外，我屡次提醒大家一定要注意：不管处在什么样的情况下，都不要出现缺水、缺粮的情况。因为，一旦出现这种情况，那么用兵法是无法挽救失败的结局的。

所以，城里的人一定要尽可能多地储备物资。众所周知，围城的时间取决于围城方的意愿和能力。

卷 五

内容提要

在本卷中,作者论述了有关海上战争的内容,重点讲述海军的建设情况、作战方式,海军与保卫城市的关系,海军远征与气象的联系等。作者认为,海员的选择、训练,统帅的谋略与能力对于取得海战胜利极为重要。

攻无不克、战无不胜的陛下，遵奉您的圣命，我认为，有必要在谈完陆地战争之后谈一下海上战争的内容。在谈及海战方法的实施方面，我会力求言简意赅而不拖泥带水。

很久以来，我们的海面一直风平浪静，我们和蛮族人的战争一般局限于陆战。罗马的水军严阵以待，这是出于国家的荣誉、利益和尊严，而不是因为某种冲动而激发起来的所谓必要性，换句话说，水军始终严阵以待就是为了避免这种必要性。

倘若明明知道一个王国和它的人民在遭遇外族入侵时会以猛烈的行动来反击，并对敌人的贸然入侵加以惩罚，那么，我们相信，任何人都不敢轻易下决心与这个王国开战，或者侮辱这个王国。

一、在米塞农和拉韦纳，军团往往都配有水军，目的是一旦城市需要保卫能够立即出击。事实上，水军能够快速地驾起舰船径直驶向世界任何地方，他们可以驶往高卢、西班牙、毛里塔尼亚、阿非利加、埃及、撒丁和西西里，因为这些地方距离米塞农不远。从拉韦纳，水军一般可直航伊庇鲁斯、马其顿、亚细亚、普罗彭提斯海、攸克辛海，也可以去东方，去塞浦路斯和克里特岛。

在战争中，兵贵神速，速度往往比勇敢精神更加有益。

二、停泊在坎帕尼亚的利布尔纳舰船上的是米塞农水军的长官；在伊奥尼亚海的水军则归拉韦纳水军的长官辖领。这两位水军长官各自统领10位保民官，而每位保民官又统领若干大队。每艘利布尔纳舰拥有舰长。这些舰长，不仅要承担相关舰船的有关职责，还要负责舵手、桨手和各类人员的日常训练。

三、在海战方面，由于不同的行省在不同的季节具有其各自的优势，所以舰船的类型也就各不相同。

当年屋大维在亚克兴角海战[1]中，就是用利布尔纳舰打败安东尼的。我们从这次海战中发现，跟其他型号的舰船相比，利布尔纳舰更加优秀、实用。所以，罗马的统治者便以利布尔纳舰为模板，建立自己的水军。

利布尔尼亚是达尔马提亚[2]的一部分，其主要城市为亚捷尔季纳[3]。现在罗马各地建造的舰船几乎都是以该行省的舰船为模型，这也是取名利布尔纳舰的原因。

四、我们知道，建造一座房子，要特别注意石头和沙灰混合土的质量。同理，建造一艘舰船，我们更要从各个方面谨慎对待。这是因为登上一艘建造不好的舰船往往比住进一幢不好的房子危险得多。

利布尔纳舰主要的材料是柏、松和云杉，它使用的钉子是铜的，不是铁的。尽管建造一艘这样的舰船成本很高，但是它的质

---

[1]亚克兴角海战发生于公元前31年，是屋大维（奥古斯都）和安东尼在海上的一次决战。

[2]克罗地亚的一个地区，包括亚得里亚海沿岸的达尔马提亚群岛和附近1000多个小岛。

[3]即今之扎达尔，亦称萨拉。

量更好,更为牢靠。因为,铁钉碰到热气和潮湿的空气容易生锈,但是铜却不会。

五、特别需要注意的是,用来建造利布尔纳舰的木料都是在每月15—22日之间砍伐的。理由是:只有在这8天之内砍伐的木头才不会腐朽,其他日子里砍伐下来的木头都会被虫子从内部蛀坏,进而变酥、变烂。这点深得造船工人的认同,也经过了造船工人的日常实践检验。此外,从宗教的观点上看,我们发现,这几天始终是黄道吉日。

六、砍伐林木的最佳时间是在夏至过后,也就是7、8两个月,以及秋分时节。理由是,这几个月内树液开始发干,树身变得干硬起来。在砍伐完树木后,我们要注意一些事项:不要立即将树木锯成板材;锯成板材之后不要立刻送到造船厂,因为不管是圆木还是板材,都是要经过较长时间之后才能干燥。如果我们用潮湿的木材做材料,那么木材的浆液会渗出,它会往外流,并且会出现宽的缝隙。对于船只,没有什么比木板出现缝隙更加危险了。

七、至于舰船的规模,最小的利布尔纳舰有一排桨,稍微大一点的船是两排;比较普遍的有3排桨、4排桨,甚至5排桨的。我希望大家不要因为它的体积大而嫌弃它。据说,亚克兴角海战中全是大得多的舰船,通常是6排桨,甚至更多;而更大型的船只上面还装着侦察小船,这种舰船每侧都配置近20排桨。这种侦察船主要用来发动突袭战,有时它们也会袭扰别国船只,破坏敌军的运输线,跟踪拦截敌人的舰船,并截获敌军的计划。

为了不让这些侦察船因为过于显眼而暴露,它们的帆和大索的颜色都不是白色的,而是和海浪相似的海蓝色。甚至大船的船体颜色也是海蓝色。舵手和水军的军装也都是清一色的海蓝色。

如此一来，不仅是夜间，就算是白天，这些舰船执行跟踪任务也不会轻易被敌人察觉。

八、率领部队乘舰船航行的人，一定要具备能够辨明风暴和漩涡的征兆的能力。历史一再证明，利布尔纳舰因为遭遇风暴和巨浪而葬身海底的数量远比被敌人摧毁、俘获多得多。

人们在观察大气现象时不够重视狂风暴雨的特性，对此我们要引以为戒，加倍重视。大海是不懂得怜悯的。只有那些有先见之明的人才会免除灾难，而那些漫不经心的人往往会惨遭不测。

研究海洋科学的人首先要了解究竟有多少种风，它们的名称叫什么。古人按照天轴的位置，只承认从世界4个方向吹来的4种主要的风，但是，事实上，后来的经验表明，这世界上一共有12种风。

为了解释清楚这些风，我将列举它们的名字。我首先会将主要的风列出来，然后再提出与之相关联的从左右两侧吹来的另外几种风。

首先，我们从春分开始，即从东方的边缘开始，从那里吹来的风叫阿费里奥忒斯风，也就是向阳风（东风）；从它右侧吹来的叫凯基阿斯风，或者叫埃弗罗-博雷伊风（东北风）；从其左侧吹来的风叫埃弗尔风，或者叫武尔图伦风。

南边吹来的风叫诺特风，或者叫阿斯特尔风；从其右侧吹来的风叫列夫科诺特风，或者叫白诺特风；从其左侧吹来的风叫利勃诺特风，或者叫科尔风。

从西边刮来的风叫泽费尔风，也就是傍晚风；从其右侧吹过来的风叫利泼斯风，或者叫阿夫里克风；从其左侧吹来的风叫亚品格风，或者叫法伏尼风。

从北边刮来的风叫阿帕尔克季阿斯风,或者就叫北风;从其右侧吹来的风是弗拉斯阿斯风,或者叫齐尔齐风;从其左侧吹来的风叫博雷伊风,也就是阿克维隆风。

一般情况下,这些风只吹向一个方向,不过有时也会有两种风合在一起,至于大风暴则是由3种风合成的。在海上,如果突然出现狂风暴雨,那么原本平静而安宁的大海顿时间会巨浪滔天,变得十分凶险。

在不同的季节,不同的海域,海风的强烈程度往往是不同的,有时候轻拂大海,有时候则掀起巨浪。

和风吹拂时,船只可以抵达预期的港口;逆风时,船只最好停泊,或者掉头,或者冒着风险继续前行。

一句话,只要我们认真细致地研究风的特点并注意观察,那么舰船倾覆的悲剧就不会轻易发生。

九、下面我们要来谈谈月份和日期的问题。力量无边且脾气暴躁的大海,不允许人们一整年在它上面安全地航行,不过,一年之中还是有一些月份适合航行,有一些月份则只能冒险航行,还有一些月份则因为该海域的自然条件等原因,无法航行。

从5月25日到9月16日这段时间,适合航行。因为夏季风比较和缓。

此后一直到11月11日这段时间,航行容易出问题,危险较大。因为在9月的望日[1]之后大角星[2]就升起来了。而9月24日,秋分

---

[1] 按古罗马历,满月之时为望日,在3、5、7、10月为15日,在其他各月为12日。

[2] 这是一颗裹着强劲风暴的最有威力的星星。

这天海上会刮大风暴。10月7日前后往往多雨，同月11日金牛星座升起。从11月起，海上的狂风暴雨严重影响航行。

从11月11日到次年的3月10日这段时间，海上基本无法航行。在这段时间里，白昼短，黑夜长，天空中往往浓云密布，风力强劲，有时候雨雪交加，这种恶劣的环境使得海上航行几乎不可能。

航海节，如果我们可以这么称呼的话，许多城市往往会举行隆重的表演和公众演出。

此后一直到5月15日（5月的望日）这段时间，海上航行会有一定的危险。这并不是说，商人们因为缺乏事业的野心而不敢在这样的季节出海航行，而是说，军人不同于商人，他们并不是追逐财富而航行，在航行时所要考虑的事情要更加谨慎一些。

十、此外，某些时候海上也会有狂风暴雨。尽管在所有这些情况下，前人给我们总结出了海上航行的时间表。但是，由于多种原因，气象往往变幻莫测。我们只能牢记，因为认识的局限，我们不能彻底了解天象的所有原因。对于航海，我们要关注的情况一般有3类。

众所周知，风暴有可能在我们预期的日子来临，也可能先于或者晚于预期的日子到来。在希腊语中，先于预期日子来临的叫冬前风暴，在预期日子发生的叫越冬风暴，晚于预期日子发生的叫冬后风暴。

要把这些名称全部列出来，我觉得太长了，没有必要。许多作家努力记述的不仅有每月发生的现象，甚至有每天发生的现象。行星的运行，在它们每次靠近或离开星座时，常常会使明媚的天气变成阴霾。新月日一定会有暴风雨，这对航海人来说，是最可怕的日子。不说富有经验的水手深知这一点，就连普通人也都知道。

十一、就算天气晴朗，依旧有许多征象能够证明暴风雨即将到来；而在暴风雨肆虐时，也会有征象说明天将放晴。这些征象都可从一面"镜子"里看清，而这面镜子便是月亮。

月亮呈淡红色代表着天将起风，呈浅蓝色则表示将会下雨，如果是两种色彩相混，那么它表示倾盆大雨和狂烈大风即将到来。月亮明亮，则说明天气将清朗，尤其是这一现象连续出现的第四天之后，月亮并没有出现淡红色彩，月光也没有变得混浊。

在太阳升起，或者当它被遮挡之时，阳光是直射下来，还是因为乌云而有所变化；太阳是闪烁着平常的光辉，还是因为受到风的影响而呈现出不一样的颜色，这里是有巨大的差异的。如果它显得苍白暗淡或者有日斑（太阳黑子），那么天将下雨。

有经验的水手通过空气、大海、云层的厚薄和形态，可以得到有关气候的启示，鸟类、鱼类也都能提供某些信息。如果舵手们说他们深谙航海之事，那么他们所说的深谙不过是实践经验所教给他们的常识，未必有多少科学依据，他们不是通过什么高深的科学方法来掌握知识。

十二、大海，作为自然元素，占世界的三分之一。除了刮风会让大海巨浪滔天外，大海是自我吐纳、自我运行的。在某些时刻，不管是白昼还是夜晚，它都在一种（按希腊话）叫作雷乌鸟鸟的急流中前后运动。

这种情况不断使海水的流向发生改变。如果是顺流，就有助于舰船的航行，如果是逆流，那么就会阻碍舰船的航行。进行交战时一定要对后者备加重视。

涨潮和落潮的急剧性是桨力无法克服的，有时候就算有风可张帆，但是也只能对它退避三舍。因为地形不同、月相不同，涨潮、落潮会发生变化，进行海战就一定要在战前对大海和当地的特点有所了解。

十三、水手和舵手的技能经常表现在能否了解他们准备航行的地方的状况、海湾的情况；也表现在他们能否绕过危险地段——隐蔽的和凸显的礁石、浅滩和沙滩。一般情况下，舰船航行的海域越深，航路越安全。

航行对舰长、舵手等人都提出了要求，它要求舰长慎重周密，要求舵手富有经验，要求桨手的双手强壮有力。海战一般在平静的海面上进行。利布尔纳舰不管体积多么庞大，它的运行都不是靠微风吹动，而是凭借桨来驱动，它要依靠自己的角去撞击敌舰而获得胜利，同时它还要避开敌舰的攻击。在这样的情况下，想要获得海战的胜利，就要靠桨手的手劲和舵手操纵舵的技巧。

十四、陆地会战需要各式各样的武器，海战亦是如此。它不仅需要各种武器，还要有各种机械和投掷兵器。的确，这世界上可能有比海战更加残酷的战斗，但是在海战中，人们既可能会溺水而死，也可能葬身火海。所以，要极为关注铠甲、头盔、护腿等问题。

不管身居何种职位，人们都不能抱怨武器装备的笨重，因为在作战过程中，人们只能站在各自的位置战斗。由于他们要面临敌人抛过来的石块，所以他们所使用的盾牌往往更加牢固。除了镰、钩和其他海战武器外，他们还要配备矛、箭、标枪、投石带、棒投器，以及石块、铅球、大石头、小箭镞等东西。

军人想要建功立业，可能要乘坐利布尔纳舰靠近敌人的舰船，搭上跨桥，从桥面上登上敌人的舰船，然后展开白刃战，这种交战更加危险。在大型的利布尔纳舰上挖射孔和配置塔楼，能够在更高的甲板上杀伤或者杀死敌人。

燃火箭是涂上了燃料的，它还包着带硫黄和沥青的麻絮，由弩炮发射。这种燃火箭能够射入敌舰的船体内部，而且会使舰船上的木板燃烧起来。在交战中，有些人死在了刀剑矢石之下，有些人则身上着火被迫跳入海中，葬身海底。

海战中，阵亡方式各种各样，但是最为惨烈的要数尸体不能得到安葬而被鱼类吞食。

十五、和陆地上的会战一样，海战也经常使用向没有多少经验的水兵发起突然袭击，或者在岛屿附近、距离狭窄水道较近的地点埋下伏兵的战术。这样做的目的是杀伤毫无准备之敌。

倘若敌军的桨手因为长时间摇桨而困顿不堪，倘若敌军遭遇逆风，倘若敌人在睡觉时没有戒备，倘若敌人停泊的地方没有第二条航道，倘若实施海战的时机对我方有利，那么我方就应当将实力同天赐的良机结合起来，充分利用大好时机，打一次会战。

如果敌人非常谨慎，躲过我方的埋伏，而强迫我方在大海上进行战斗，那么我方就要部署好利布尔纳舰的作战线，但不能像陆地战场那样成直线，而要成类似于两翼朝前，中央向纵深处后退的海湾状。

如果敌人要强行突破我方的作战线，他们便有可能会陷入我方的战阵而被歼灭。所以，一定要将精锐舰只和兵力配置在两翼，因为它们所体现的是我方所拥有的实力，也是整个部队的精华。

十六、此外，舰队一定要始终停靠在宽阔的深海一侧，而将敌人的舰队挤压到海岸边。这样做的好处是，能够让对方失去快速攻击我方的机会，而我方则可以利用有利条件发起进攻。

实践证明，在类似的海战中，以下3种武器对赢得胜利产生至关重要的影响：撞柱（攻城方木）、镰钩篙和钺。

撞柱和横桁差不多，是用粗绳索吊起的细长方木，头尾两端都包有铁皮。在舰船靠近敌军舰船时，不管是在它左侧还是右侧，都可以使劲地推动这根撞柱，如同攻城槌一样。这个时候，撞柱便会结结实实地将敌军的水手撞倒，甚至可能会凿穿敌舰的船体。

镰钩篙是一种非常锋利的铁器，弯弯的像把镰刀。它牢牢地装在很长的篙杆上。我方的舰员可以用它出敌不意地割断敌舰挂着横桁的绳索。一旦敌舰的帆掉下来，那么敌舰行动就会迟缓，甚至一动不动。

钺是一种双面都有又宽又锋利的刃的斧子。在双方激烈交战之际，富有经验的水兵或者军士坐上小船，用钺悄无声息地割断敌军的舵绳。如此一来，这艘敌舰便瞬间成为被解除了武装、丧失任何战力的民用船。一艘舰船如果没有了舵，还能指望它做些什么呢？

现在，在多瑙河上，每天都有巡逻艇像流动岗哨一样在执行警戒任务。对于这类舰船，我不再多谈。因为，既然一种东西已经在使用了，其技艺也较为先进，就没有必要从古老的书籍中去寻找改善和提高的办法。